……が飛ぶ

kawai kanjirō
河井寛次郎

講談社文芸文庫

目次

蝶が飛ぶ　葉っぱが飛ぶ

I　仕事と思想

陶器の所産心

物が形作られる因縁を三つ考えられた。

一は信心のため。

二は暮し向のため。

三は美しさのため。

一の場合は物を通じて信心が捧げられた時にとる姿勢。

二は自用から始まって余力を他用に仕え遂には全く働きを他の財物と換える事を主眼とした結果。

三は美しさを感銘してこれへの志願による仕事。

最初の陶器として祭器がある。信心への形をしているけれどもこれらは儀式の用を目あてに陶器を職とする人々の仕事であって絵や彫刻に残された様な心の働き方は無いと言って好かろう。

陶器が高い美しさを持ったのは作人が暮し向に当面して働きを他の財物に換える仕事をした時の物に示される。

指頭に上る土はその人の心の姿勢をとる。この時二つの場合が考えられる。

一は美しさをたくまずして現れる形。

他は美しさを願ったために出る姿。

一は無名陶（下手物）の所産心であり他は有名陶（上手物）の動機である。

土地には産物にふさわしい人々の暮しがある。裏山には土が蔵され薪が生えている。山の斜面に沿うて窯が這い家の前には川が流れる。仕事場では土壁に穴をあけ紙を張りその前に轆轤がある。後には竹の棚が作られ板に乗せられて形は並ぶ。湿った土間の隅には土踏場がある。人はこの中で個々に日に何百かを形作り何百かを描き何百かを釉かける。昼の休みには犬を捕えて毛を抜き筆を作り竹篦を削り木鏝を作る。女は土瓶の口を付け子供は高台の釉を剝ぐ。しばしば半農半陶。

　耕して五穀が待たれると同じ心で作られ焼かれる。日に幾百かを手掛けなければ口を糊す事が出来ない。このからたちは楽しみ（作意）を刺し殺して作人は無心の座につく。

　鳥を思わずに鳥を描き草を思わずに草を描きついには牛を思いつつ馬をさえ描く。蝶はいつの間にか雲に変じ雲は線となり線は点となる。かかる実例をしばしば見る。繰返しのありがたさは元を忘れてあらたないのちが芽をふき延びる。

窯の火は人の仕業をも一度自然へ返す。高きより見る町の家並の如く薄靄を隔てる。土で形が作られその土に灰をまぜて釉が出来る。掘れば随所に陶土がある。木や藁の灰は手近い。

赤味の土より無い地には黒、柿、飴、浅緑の陶器が出来る。摺鉢、水甕の類である。古備前、古丹波、井戸、伊羅保である。建窯では赤土の体にその土に灰をまぜて釉を作り天目が焼けたであろう。油滴や曜変は多産の中での火の産物に過ぎぬ。龍泉の土と釉は青瓷以外に焼けなかったであろう。天色を仰いで調合したとは後世の憶説に過ぎぬ。

白土の出る地では赤土に白掛がされる。無地、白象嵌、彫文様が出来る。又鉄分の多い土や石が出るならば飴黒の文様が描れる。片口、土瓶の類である。現川、絵唐津、越中瀬戸、朝鮮の化粧陶（刷毛目）、象嵌陶（三島）、支那の磁州窯（絵高麗）である。白掛土に浸すと土によっては割れる故塗ったのが刷毛目の起りだとある人が言った。驚くべき従順でないか。崩れたとはいい今の磁州の陶器は宋代の脈が波打っている。そこには遠くから上層の気流に運ばれて降って積った陶土の層壁がありその下からは石炭が出るという。天からは土、地からは火、人は結びの神の如く、生れた陶器は不思議な申し子である。しかもこれを育てた母とも言うべき需用者は乞食と苦力だという。白味の土の出る地では黄味、白味の物が出来る。石皿、紅鉢の類である。古瀬戸、伊賀、信楽、朝鮮の金海、御本、支那の定窯である。

磁土や長石の出る地からは磁器が出来る。茶碗、皿の類である。伊万里、瀬戸、九谷、会津、明代や李朝の藍絵（染付）である。

何れも皆な手近な土の恵で無い物はない。薄く長く延びた陶器の出る地には粘りの強い材料がある。大物の出る処には火に強い土があるに相違ない。火に強い土がなかったなら大きな窯は築かれない。埃及（エジプト）や波斯（ペルシア）の多彩陶は天然に曹達（ソーダ）が出、薪に乏しい結果であるというでないか。

釉は一窯に二、三種を越える事がない。それより以外に出来っこもない。限られた物が長く用いられ、作られた物は熟する。

作る者は手近な土や灰は互に合う事を知っている筈だ。しかも不思議に親密に会う。こんな素材に拠った工作であるから無碍（むげ）である。正しい物は産地では無造作である。地を代えてこれを作らんとすれば至難があるばかりだ。

生活の同一平面上の所産はしばしばその物の持つ美しさを看過される。同時代に出来る必需物に対して人は大方無意識である。無名の所産は日常の雑器であって多産である。何れも作意を絶していないために外飾されていない。秘める物が観えない限り解らない。これと反対に今から昔を眺めた時や他国人から就中（なかんずく）遠国人から一地方の産物が見られる時その外貌から所産心を誤解され易い。

地を代え時を隔つならば物は特殊に見える。青瓷が多産な雑器であった事は香台の底に書いてある。地方によっては一舛壺二舛壺というのがある。米や水の量には合わない。穀物と換える日安からの呼名だという。隣の暮しへ仕えるから作る者も気がこらない。受けた家でも器物と同格だから不足はない。荒壁の中から生れて丸太の住居へ行く故に不調和はない。揃物の寸法は違っても焼き上りの調子が不同でも相方から撰ばれない。それより外に出来っこもない。これより外に使うものもない。成る様に作られ有るままに使われる。必需品で消費物である。宝でもない。什器でもない。千金の鉢や碗で食事をする。万金の壺に塩を入れ酒を貯える。古生活に限られた境ではない。気付けば今にも随所にある。識らずして物は美しく生れ知らずにそれが使われているかかる境の外に作と用との浄土はない。覗かれた時に煩わしい美術という名を貰う。用具の使命は大半この時失われて不自由になる。しかし一つの大事はこれから始まる。饒な世界がそれから開ける。彼の国土では自分等の暮しが景色の眼である事も知らぬ。作人と用者に美しさが解ろう筈がない。解らない故に美しくも作られ醜きにも堕ちる。これを責めるは耕す農夫に点景の置物だと褒めるに等しい。彼等は常に平気である。

識者は古伊賀の形だけを起したに過ぎぬ作人の内には一指も触れる事が出来なかった。美しさとは隠れた血と汗の化態でないか。果を観て因に戻らなければ美に溺れる。識れる者こそ責められねばならぬ。

絵や彫刻が美に目覚めて個人性をむき出した様に陶器にもまたこの志願が出た。しかしこの道でのこの志願はしばしば危路である。美が念頭に上っての仕事は作意の埒外に出難いからである。感覚があって仕事に生活がないからである。形容を作って土と火にまみえるからそむかれる。目覚めて始まった陶器はこの例である。個人の仕事はすさまじいがさもしい。これが磨きのかかった記念碑ならば彼は野路の中なる三界万霊塔である。立ち留って手を合せる。

土は今始めて形を得、火に会って固まる。美への志願は無用である。正しい素材と従順な工程と好い組織とを撰ぼう。

（「雑器の美」昭和二年六月）

機械は新しい肉体

生家の信仰は、禅宗の曹洞宗でした。ふつうの時には、説教などしない宗教で、私も、宗教の教理とは没交渉に育ちました。ただし、道元の修証義を読んだりしたことはあります。子供心に、少しわかりました。

私が、中学二年の時に、「お前、陶器をやったらどうだ」と叔父からいわれました。この人は、明治二十一年に東京大学を出て、産婦人科の医者をしていたのです。東京の蔵前の高等工業に行って、そこで陶器のことを勉強したらよい。それから後は、会社に入ってやってもよいし、個人でやってもよい、とその叔父からいわれました。私の一生の仕事は、その時、即決したのです。

叔父にいわれて、なぜすぐ決めてしまったかといいますと、陶器については幼い時から興味を払っていたのです。

私の前には、小さな窯場がありました。町の人たちの台所用具をつくるためのものでした。そこによく行って仕事を見ていたので、陶器のつくり方のことは、子供でもよく知っていたのです。

島根県の安来というのが、私のそだった所ですが、そこは、松平不昧公の影響で、もとから、お茶のさかんな所でした。お茶といっても儀式的なものでなく、家庭茶です。一町こぞって、お茶をやっていました。そして、お茶に使う器物の中では、茶碗が一番注意をひきます。話にも茶碗のことがよく出て来ます。親たちが茶碗のことをとやかくいうのを、子供の時からきいて、私は早くからこういうものに関心を持つようになりました。こんな風に陶器というものが、子供の時から自分に近しく感じられていたのです。

子供の頃の道義心は、儒教と教育勅語によって作られました。ことに教育勅語は、今でも暗誦できるくらいよくおぼえています。これが今でも、自分の思想の根幹となっています。これの影響力は、修証義などよりもっとはっきりしたものといってよいでしょう。

あれ以上のことは、当時の自分としては、考えられなかったのです。あれを批判するなどという考えは、ありませんでした。十五、六歳ころの頭では、あれほど筋道だっていわれれば、もう批判することなど出来ず、まったく教育勅語を信奉したものです。

もっと幼い頃には、前にいった叔父にならって医者になろうと思っていました。ところが、その叔父から、医者の仕事など底が知れている、しかし、陶器の仕事は無限の世界だと教えられたのです。

しかし、大会社の中に入って陶器を作るというのは、好ましく思えなかったので、自分ひとりだけで出来る程度のやき物をしようと思いました。そんな風に考えていたものですから、高等工業学校に入ってからも、基礎科学や、応用化学の学科や、工場経営法の学科などがあるのに失望しました。だから、学校をなまけて寄席を見に行ったり、ボートにのったりして悪い成績で学校を出ました。

しかしその間も、好きな陶器を作ろうという意欲は、ますます濃厚になってきました。こと美に関する以外は、全然タッチしたくないというのが、学生の頃の私の気持でした。物理の実験などを教室で見ても、煙が紫色にたったりするその現象の美しさに見とれていて、科学の本質をつかむことはできなかったのです。

学生の頃に私がきらった学科が、その後、さて陶器を作り出してから、一番役に立ちました。いったいに、今の美術教育では、科学の基礎的訓練をふまないことが欠点になっていますが、私なども、もし高等工業学校で科学を通ってこなかったら、しようもない者になっていたろうと思います。

学生の時分でも、学校の倉庫から粘土を持ち出して来たり、らくやき屋から粘土をもらって来て、いじったりしていました。東京の下宿の四畳半には、ずいぶん、陶器を持っていたものです。同輩の学生たちのやろうとしているのとは、まったくちがった方向を目指しておりました。他の人達は、大会社の技師になることを目標としていたので、私などはかわり者として、仲間はずれでした。

そこに飛んで出たのが、バーナード・リーチと富本憲吉でした。この二人は、日本の陶器のルネッサンスを起した人です。この人たちを通して、われわれの身に近い美の姿が、日本の陶器の世界によみがえりました。

私は、リーチの作品の展覧会に行って、その新鮮さに打たれました。やがて、柳宗悦（やなぎむねよし）が出て来て、李朝の陶器のねうちについて、人々の注意をよび起しました。それまでの陶器は、日光陽明門風のゴテゴテのものであったのを、リーチや柳や富本が、過去の雑品の中から、もっと簡素な、生活に近い精神をつかんで、その作品において新しく生かしたのです。清貧であって、健康な境地を若い世代に見せたのです。

その後三十年、ひとすじに陶器を作って行くうちに、自分の仕事の上に色々の障害にぶつかり、それらについて、その時、その時に考えて行っただけです。

知性だけでうんだものでは駄目だ、という考えにきました。知性だけでうんだ作品は、わりきれたもので、それではいけない。われわれの中にある、われわれのまだ知らない自分が出なくては駄目だ。そう思うようになりました。

私の一生は、一生、美を追った生活にはちがいないが、思想上の一転機というべきものがありました。世界は二つある、ということを考えたのです。美を追っかける世界と、美が追っかける世界と。美術の世界と、工業の世界と。

その頃は世界大戦の最中で、日本の工業が膨張して好景気の時でした。大正五、六年の頃ですが、その頃、工業製品である無名陶を礼讃して講演をしました。有名は無名に勝てない、ということの発見でした。

そういう考えは、自分で陶器を作り出すと直ぐ、自分に来たものでした。それは、柳宗悦が同様のことをいいはじめるのと時を同じくして自分にもたらされた自覚でした。

それより以前、もっと若い頃には、機械をカタキのように思っていたものでした。個性なきもの、粗製濫造するもの、みにくいものだけを作るもの、そんな風に機械のことを考えていました。その考えが、大正初期になってかわったのです。

しかし、大正初期に来た自覚が、もっと徹底して、機械と手とが一つだという考えがはっきりしたのは、この五年くらいのものです。今度の世界大戦も終りに近づく頃、そういう風に考えるようになりました。

私達日本人の世界では、神と仏とが不二になっています。私の育った家でもそうでした。正月には家中にシメナワを張り、盆の時には家中掃除して草花をかざりなどしました。子供心に、家の先祖が西方浄土から来られる思いがしました。盆が過ぎて海まで祖先を送りに行く時など、実感として、ほんとに別れるような気持でした。教義も理窟も何もないのだけれども、幼時の経験はわれわれを知らないうちに神徒として、仏徒としてのイガタに入れて、ラク印を押してしまった。われわれは生まれながらにして神徒であり、仏徒であったのです。

神と仏とは、私にとって一本の縄のようなものでした。信仰的にいって、そういう一つの世界にいつも私はいたのです。だから少しもムジュンを感ぜずに、お寺の前でおじぎをしてから、すぐその後で神様におまいりできるのです。

こんな風にして自然のままに見せられた神や仏は、神が果してあるか、仏が果してあるかというような否定的契機を経ていないのですから、「ゴッド」という概念とは大分ちがいます。だから私は、「神」とか「仏」という言葉は、なるべく使わないことにしています。信仰というよりは、宗教的情緒といったほうがよいのです。

子供の頃には、家の中に神様も仏様も共におられるように感じました。そういう感情は、そのまま今日まで続いています。成長してからは、聖書でも、仏典でも、その宗教的情緒を通して読むようになりました。聖書の教えをも、仏典の教えをも、子供の頃の宗教的感情と区別して考えることが、私にはできないのです。

霊魂不滅ということを、実感したことはありません。疑問のまま、今日に至っています。しかし、生命というものは始めもなく終りもないものだという気がします。このことは、実感を以って知らされました。仏のいった「老病死苦からの解放」ということは、生命というものが始めもなく終りもなきものだということを意味しているように、自分には感ぜられます。生命自体は、病まないもの、死なないもの、老いないもの、常に喜びあるものです。ところが、われわれの意識の面で、その生命の自覚が曇らされているのみです。

そういう無限の生命の自覚が、自分にとってはまだ観念の上だけのことだ、というところに、私の問題がまだ残っています。今、自分を試験台として、そのことをもっと考えてみようとしています。

ここに壺が三つありますが、その中で、これは分別して生んだもの、これはぎりぎりの無分別で生んだもの、これは分別はしたのだが作る時には無分別でやったものです。見くらべていると、ギリギリの無分別で作ったものが、一番あきないのです。分別で生んだものは、わりきれていて面白くないのです。

人に好かれるかどうかは知りませんが、自分の好きなものを自分で作ってみようというのが、私の仕事です。そういう際に表現されるぎりぎりの自分が、同時に、他人のものだというのが自分の信念です。ぎりぎりの我に到達した時に初めて、ぎりぎりの他にも到達します。自他のない世界が、ほんとうの仕事の世界です。

しかし、何度努力して表現してみても、本当にぎりぎりの自分は、なおもかなたに残っています。だから毎日が、今度はどんな自分が出るかという期待です。これが、生命の原動力だと思います。誰の場合にでも、そうなのでしょう。

夢中になるということが重大です。仕事と自分とが対立している場合には、いつも駄目です。「仕事が仕事をしている仕事」になればよいのです。なるべく、そういう状態に自分をおらせたいのです。だから私は意識だけで仕事をしていません。そこが、仕事の救いなんです。

ここにあるこの茶臼をごらんなさい。これは、誰が作ったかわからない。しかし、ここには、これを作った人の生命があります。こんな風にして、それぞれの人の残した痕跡によって、この宇宙の建設に参加した人々の生命は、すべて永遠に残っています。

宇宙を動かす法則自身が、不滅のものです。その法則自身は、意識を持っていないでしょう。私は、ことさらにその法則の上に、大意識のようなものを仮定しません。しかし、その宇宙の法則を信じます。

物の形は、すべて、出発点がすなわち到達点になっています。△の形、○の形をごらんなさい。

もっとつきつめて考えれば、出発点も到達点もないわけです。これが物の形です。すべてのものは、ないものです。すべてのものは、あるけれども、同時にない。自分自身は、中でも最も空なるものです。それがしかも、まったく空な自分にすがりついているのです。

ない自分をつかまえている、ない自分。

人間は、自身が空なものであるから、自分を、どんなものにだって作ることができます。それぞれの個人には、無限の可能性が与えられているのですが、それを利用しません。各個人は、その無限の可能性を利用しない怠慢の度合によって、区別されているのみです。

不幸を知らない幸福。幸福を知らない不幸。世の中は、そういうものではないでしょうか。そういう種類のことがわれわれの周囲に見られます。前者は、苛酷なる労働をして、まずしいものを食べている人々、後者は、いわゆる富裕な人々。両方とも危なっかしい状態です。幸福を知った幸福という状態になって、初めて安らかになります。

今度の世界大戦には、自分も、大いに勝とうと思ったものです。戦争を始めた以上、勝たなくてはいけないと思いました。今では、軍部に戦争の責任を負わしていますが、それに荷担したということからいえば、われわれも同罪です。私は、町会長を引きうけて、大いに戦争のためにつくしました。

今度の戦争によって学んだことは、多くあります。われわれは、おたがいに対して、人間らしくならなければいけない。そのためには、世界が一つになることが必要だと思いました。国家はないほうがよいです。国家は対立の単位であって、これはいけないものです。しかし、国土ということは、国家と別のものであって、それぞれの民族は国土を愛して、その土地と歴史とに忠実でなくてはいけません。文化的な意味からいえば、世界が一つになるなどということは馬鹿げています。朝鮮人も日本人も西洋人も、衣食住を同じにするなどというのはよくありません。それらの生活様式また文化における差別が、同時に調和なのです。

人類の文明については、無限の進歩を信じます。衣食住の条件の改良、生命の長さの延長などにおいて、多くの期待をかけることができます。

日本文化の行く末については、楽観していません。現在、日本が世界に持って出られるものは、実に貧しいものだと思います。美術などの面では今は絶望に近いのです。しかし、日本が世界の広場に出て歩いて行けないほど貧しい民族かというと、そうではない。やがては、立派に歩いて行けるようになると思います。そのためにはまず、これまでの日本文化を否定する面から出発するのがよいと思います。茶道などというものも、今のままではつまらないもので、猛省一番せざる限りは、世界に出て行けません。国際茶道会などを作っていますが、あれなども、ものわらいです。歌舞伎でさえも、あのままでは世界を歩けないでしょう。日本では、手でこしらえた無名の作などに、まだ良いのがあるはずです。民窯から出て来る雑器類だとか、原色版の技術など、世界に出してもよいものです。

日本は、東洋の目であると思います。世界のために、東洋文化の鑑定者としての役割を果すことができると思います。その目が、今後いかに生産に結びつくかが、日本の重大さを決することになりましょう。

教育勅語を批判することが、今になってようやく出来るようになりました。あれは、古今中外にほどこして大誤りであると思います。戦後の男女の離合集散の形には、反対です。一生を通じての一夫一婦制を厳しく守るのが美しいと思います。

社会主義というのは、自他ともに幸福に生きるためには、やらなくてはいけないと思います。貧之な人を区別なしに富ませるようにしたいものです。

言論とか、思想は、大勢の人々の批判力ができたなら、何も統制がなくとも良いと思います。

天皇陛下を尊敬してはいます。しかし、天皇制はこれで終焉でないかと思います。

別の生涯をもし与えられたとしても、やはり陶器を作ります。今私のいる状態は、たいへんありがたいのです。作りたいものを作れるから。もし今一度生きて来られるならば、今まで自分のして来たような良くない言行などないような、仕事一方の清純な生活を送りたいと思います。

私は家庭にも恵まれていますし、一身上のことでは、不足をいうこともありません。

座右の銘としては、「自分は何か」。常に自分自身ととっくんでいます。これは、利己主義という意味ではありません。自己を通じて、しかも自他のない世界に至りたいと願います。

愛読書は、仏書ですが、そういうものから格言などが抜け出て来て、心に浮かぶということはありません。どこからともなく、自分の言葉で、格言などが与えられることはあります。

見えないもの　見える眼

聞えないもの　聞ける耳
知らないもの　知っている――からだ

これは、身体に自然にそなわった叡智のことをいおうと思ったものです。私達の体のなかには、まだまだ多くの可能性がかくされています。たとえば、電車ができると人はもう人力車にはひかれなくなります。それからまた自動車が出来ると、今度は電車にさえひかれない能力があらわれます。こんなことから推し測るなら、われわれの体にそなわった能力は、どれだけのものとも、まだ断言できません。

これはこれ
嘘を借りなければ
表現出来ない真実

これは、東洋の芸術が多く持っている特色です。ある落語家から聞いたのですが、遠くを眺める有様をあらわすのに、右手をまず左の方にもって来て、左かたから額にかざす。こんなことは、普通われわれが遠くを見るにはしないわけですが、これをすると表現が生きて来るのです。

日本画で、木の枝などが何ものの上にもおかれていないので、空間に浮いているように見えることがあります。これは、実際にはない状態です。こういう表現法を用いるところに、東洋芸術の特質があります。

われわれが極端な悲しみに会うと、げらげら笑ったりします。それは、虚脱したのではないのです。悲しみがそういうことでないと表現できないのです。これを虚脱と見るのはまちがっています。西洋人は感情のままに表現しますが、東洋人は無意識面で反省して、ひっくりかえして表現するしぐさが多いのです。

石が歩いて来る
石が笑って来る

こういう思想と、科学とはどうつながるのかという質問ですが、なるほど、科学者が世間に与える世界像では、石は笑わない。しかし、そういう世界像を作っているその行為においては、科学者は石とともに笑ったりしています。生命の流れの真の姿は、ここにあるのです。このことは科学者にとっても、芸術家にとっても同じです。

機械は存在しない

機械は新しい肉体

今日の人は、物にかえることを練習しなくてはいけないと思います。ただ考えてばかりいるのでは思想は不徹底になります。物の形と取りくまなくてはいけないし、物をととのえることを学ばなくてはいけません。

それから労働する過程において、美の生産にたずさわっているのだという自覚を持てるようにしなくてはならないと思います。そういうところまで達するためには、まず機械をもっとわが身に親しいものとして感じなくてはならない。機械を使ってする労働の過程全体を、自分の心に描き、美しいものとして自覚するようにならなくてはいけない。こんな風に、労働における美の自覚の問題と取りくむには、これまでのような完成品の美学でなく、道程美学を建設しなくてはならないのです。民芸というのは元来、工業美学となるべきものですし、また工業美学は、さらに工場美学を含むものでなくてはなりません。これは、今日最も重大な問題の一つだと思います。

焚いている人が
燃えている火

私の歴史観は、泥も尊しというのです。泥の中に蓮が咲いている。蓮は美しいけれど、蓮を美しくさしているのは泥なのです。闇屋とか、かつぎ屋とかいわれる人々は、軽蔑されているけれども、私はあの人達に感謝しています。終戦後のひどい時、あの人達のおかげで、私は食物もとれ、生きて来られたのです。私達は蓮の花を考える時に、いつも泥と花とを切りはなしがちなのです。ところが花と泥とを離してしまったら、花はもう死んでいるので、ほんとの花じゃないのです。切ってしまった時には、花は既に死んだものなのです。生きた現実の姿においては、汚いもの、みにくいもの、そういうものが、美しいものを作り、支えているのです。

何という今だ
今こそ永遠
全自分を賭けている時――この時より他に生きている時があるであろうか。
生きているのに、生きたり死んだり、死んだり生きたり。

（談・文責　鶴見俊輔）

（『私の哲学（続）』昭和二五年三月　中央公論社）

火は心の炎

——まず陶歴から伺いましょう。

河井　私の出た東京高工の窯業科は役人や会社員の養成所でネ、個人でやきものをやる勝手な人間はいなかった。陶芸界に入ったのは二年あとの濱田庄司がいるだけで、正統派はみな会社員サ。もっとも私だって京都府立工業試験場に三年いたけれど、そのうち京都で医者をやっていた叔父が「役人三年やれば十分だ」というし、私も月給取りはいやだったから、仕事場を作ってやるという叔父の話に「よしきた」とばかりとびついた。

——自家製陶が始まったわけですが、いつごろですか。

河井　大正六年です。五条坂の清水六兵衛さんの窯場を買ってもらったが今の家です。陶器はその前から自分で少しずつ作っていましたヨ。

——最初はどんなものを作っておられましたか。

河井　唐宋時代のものにゾッコン参っていたんでネ。日本のものなんか眼中になかった。当時、日本にはあまり唐・宋ものがなく、あっても秘蔵物で、時たま大家の売立てに行ってみて眼をかがやかしたものだ。また支那陶器の書物も随分あつめた。原色版のカタログをアメリカから買ったりしてネ。そのうち、ぽつぽつ支那の古陶が輸入されるようになり、唐三彩などを手にとってみて、本当にすばらしくて感激したネ。ついで濱田と二人で朝鮮や満州に旅行に出かけたが、京城では李朝の陶器を沢山みた。辰砂(しんしゃ)のすばらしいものがあったネ。いまなら数万円もするものが道具屋なんかにゴロゴロころがっているんだ。全く感激してため息をつきながら見て回ったナ……、この経験が、のちに作陶に役立ちましたヨ。ちょうど私が二十六歳のころでした。

——それからしばらく唐、宋、李朝の傾倒時代が続くわけですネ。

河井　そうです。その当時の私の作風を評して唐、宋、李朝の模倣だといった人があるが、それは違う。私は模倣なんぞということを一度だって考えたことはない。ただ好きで好きでたまらなかったんだ。その影響はうけたかもしれぬが……柳宗悦とケンカして又知り合ったのもそのころです。

——柳さんとの交友はどうしてはじまったんですか。

河井　人間の縁なんて不思議なものだということを、つくづく感じたのが、柳との交友だ。当時、二十幾歳の私が東京高島屋ではじめて展観をやった。そして三百円もの値段

（現在貨幣価値で百万円位）をつけた青磁の壺など幾つもうれた。細川侯や岩崎小彌太さんなども買われた。ところが柳が、この展観を見て雑誌「工芸」にこっぴどく批評した。私はハラが立ってネ。（笑）それで「工芸」で負けずにやり返した。これを「工芸」の編集長がおもしろがって、ますますケンカをけしかける。（笑）そしてお互は一度も口をきいたことがない間柄なんだ。そのうち柳が東京神田で李朝の展覧会を開いた。そこで私も知らぬ顔で行ってみると、李朝の陶器の素晴らしさに私は参った。そしてフラフラになったネ。帰りの電車を乗越したほど感激してネ。（笑）その時、会場の奉加帳に名を書かず金だけ置いてきたんだが、あとで聞くと柳も私が来たことを知っていて、わざと素知らぬ顔をしていたそうだ。そして「河井のやつ、来やがったナ」と監視していたんだ。それがそもそものはじまりです。

――お互いにファイトを燃やしていたんですネ。

河井　私は、そのころ、支那の無名陶に心をうばわれていた。柳も同じであったらしい。私が李朝のものを見て、ふらふらになった理由も、そこにある。柳は、このとき私がはじめて無名陶のすばらしさに開眼されたとおもったらしいが、そうじゃない。私の関心はもっと前からである。それは証拠がある。京都の博物館から「陶器の所産心」と題した私の講演記録が出されていたからだ。そのころ柳は千葉県の我孫子町にいた。リーチもいた。濱田は私より一足さきに柳やリーチと交友していた。そして濱田がリーチに陶器を教えた。その濱田がリーチを私の窯へもつれてきた。私がリーチを知った最初である。そして東京震災があり、濱田がヨーロッパから帰ってくると家が焼けていたので、私の家へころがりこみ、しばらく私と一緒に仕事をした。ところが柳も震災にあって京都へ疎開をした。その柳がある日、私の家をたずねてきたが私にあいたいと言わない濱田をたずねてきたという。そんなら私もあう必要がないので、結局あわなかった。そうこうしているうちに濱田が是非柳の家へ行ってみようと誘うものだから、お前がそこまで言うんなら、行ってもよいと引きずられるようにして吉田山の柳の家を訪れた。ところが私が部屋へ入ったトタン、そこに飾ってあった木喰上人の素晴らしい彫刻（地蔵）が目に入って、私は再び参ったネ。あとできくと、私は何かうなるような声をあげたらしい。とにかく、ふらふらになるほどに参った。その喜びようを見て、柳も非常にうれしがり、ここで二人の気持が一ぺんに氷解融和したんです。それから柳・濱田・私の三人が木喰上人の木像について火の出るような議論をしましてネ。

――それが木彫を始められた動機でしょうか。

河井　そうかも知れません。それから木喰上人につかれてしまって方々へ木喰上人の木彫を探しに歩き回るんです。そして雪の降る日、丹波の古寺の羅漢堂を探しあてて木喰上人の仏体を七、八体も見つけ出したときの感激ったらなかったネ。等身大の重い仏体を縁側へ抱え出し、それをながめながら柳夫人手づくりのサンドウイッチを食べた。そのコンビーフのうまかったことが今も忘れられない。みんなが感激して、雪の降るのにこうこつとして何時間も羅漢堂にいるもんだから、何もしらぬ和尚は目を丸くしていたヨ。

――先生の木彫を拝見してびっくりしているんですが、どういうアイデアでしょうか。

河井　別に意味はないんです。我がまま勝手に、自分のつくりたいものをつくるんで、これを見て「どういう意味だ」と聞かれても返事のしようがない。外国人からもよく質問をうけるが「それは、そんなもんですね」と言うよりほかない。手の形にしても、指の上に丸をつけたことも、既往の形というものは全然無視して、勝手にやったことです。だから、見る人の受け取り方で、何とでも解釈されていいのだ。

――昭和五年に作陶十周年展を、翌六年にはニューヨーク、ロンドンで個展をひらいておられるが、そのころの作風は？

河井　唐・宋・李朝への傾倒から脱して、日本のものへ帰った時代だネ。人間だれだってそうなるんです。はじめは面白くてやたらに諸国を歩き回るが、次第に故郷にひかれて舞い戻ってくる。それと気持は全く一つです。その意味では、日本は素晴らしい国ですヨ。何もかも美しい。どこに出してもはずかしくない。いろんな外国人とつき合ったり、外国の芸術をながめると、なおさらそう思う。日本が国際社会で立派な交際をしていくのには、日本固有の美をもっていることです。〝美〟というものは、その国の伝統とくらしの中から研ぎ出されてくるもので、個性がなくちゃならんとおもうんですヨ。だって、そうでしょう……私の故郷の出雲は、素晴らしい。日本のうちでも、一番美しいとこです。そして、そこで私は育った。大山は美しい山です。母なる山です。その愛に私は育てられた。島根半島はきびしい北風をさえぎるビョウブとなって我々を守り、さらに二つの内海をかかえて、宍道湖からは淡水の魚介を、中海からは塩水の魚介を、日本海からは荒海の魚介を与えてくれます。赤貝や白魚やアマサギやエビが、季節になると安い価格でどの家庭へも行きわたる。このアマサギやモロゲエビは、むかし玉造でつくられたあの曲玉や管玉のように尊いんです。それらが私達の骨格をつくってくれました。母なる大山を床柱として、中海と宍道湖は二つの床の間だ。こんなに美しい、こんなに恵まれた土地が他にあろうか。そうした天の恵みに、われわれは育てられたんです。私が強いツナで故郷へ引かれるのは、当然です。

——先生は、一時陶硯（とうけん）ばかりつくっておられたそうですネ。

河井　陶硯はすきです。とくに朝鮮のものに心をひかれる。本家は支那で漢時代にそのすぐれた技術が朝鮮へ流入し、立派なものがつくられた。それが本家の方は次第にダラクし、朝鮮に伝統が残った。私も、一時はこれに凝って、半年ほど陶硯ばかりつくっていたので、高島屋から苦情が出たほどだ。それから、しばらくやめていたが、一昨年ごろからまたおもしろくなってやっている。

——昭和十七年ごろですか「機械は新しい肉体」ということを唱えられましたネ。

河井　そうです。あれは私の一つの転機でもあるわけで、それまでは機械そのものと、機械を使う人間を別々に分けて考えていたがそれが間違っていると知ったんです。例えば飛行機は機械だ。だがそれは何万年の間の人間の願望が実を結んだもので、いわば人間の生んだ翼です。ハシ（箸）も同じで、人間が使い、人間の生命が作用した時、はじめてそれはハシとしての生命が与えられる。決して単なる物質ではないわけです。だから近代文化としては、これを一元化して考えなければならないんで、それ以来私は〝ものの見方〟がすっかり楽になりましたヨ。

——「火の誓い」という本の中で「火は心の炎」という言葉を使っておられますが、作陶に対する先生の心境の表現ですか。

河井　そう。「たいてる人が燃えてる火」なんです。火はたいている人の魂が燃えているので、単なる物理現象ではない。精神の現象だ。つまり物心一如を象験しているわけです。現在、私が陶器を作る心境は、これ以外にはない。それともう一つおもしろいことには、最近、自他の区別がつかなくなってきましてネ、仕事を他人に手伝ってもらっても、それが私の作ったものとしか思えないんだ。（笑）反対に他人が私の作品を、自分が作ったんだと主張しても、素直に受取れるネ。（笑）ものみなすべて、私と一体というわけです。いや実感ですヨ……これは。（笑）

——戦後、これまでの造形的な陶器から、不定形の世界に入られましたが……。

河井　不定形でなくちゃ、おもしろくないのです。全然未開拓の分野だからネ。いま面をやっているのも、それですヨ。面の題材はカメラからもとるし、スクーター、オート三輪、トラックなど、顔をもっているものなら何からでもとれる。オート三輪なんかいい顔をしているネ。岸信介氏そっくりだ。（笑）人間みんな第二の顔をもっているが、私はいまそういうことに限りない興味を抱いているんです。（談）

（「島根新聞」昭和三三年一〇月）

民族造形の祈願

生産の二つの部門

普通、われわれが民芸と言っているのは、その時代その時代の工業だと思います。もちろん、その頃は、機械的なものは今日ほど発達していないから、ことごとく手仕事が工業であった時代で、工業と民芸とは不可分であったわけです。

そこで、機械というものは人間の叡智の中から出た一つの手段が、その後非常に発展して今日のようになったもので、これはもっぱら知的な方面の発展であろうと思います。

私は前々から啓示を受けて、機械と手とは不可分だと考えております。同じ人間の体から出た知的な機械的な方法と、同じ人間の体から出た情操的な方面と、これは分けようと思っても分けられない。これをややもすると、機械工業と手仕事とは非常に対立的なものであるかのごとく認識されているが、実はこれは不可分なもので、両々相俟ってここに一つまた面白い現象が私どもの生活を支配していると思います。

なぜ機械は機械として独立して存在しないかというと、一つの金槌にしても、金槌自体は自分が金槌であるということを否定している。あれはただ一個の物質にすぎない。金槌になるには、人間の生命が加わらない限り金槌になれないのです。

だから金槌は新しい人間の手だと私は啓示を受けました。したがって、飛行機などというものも機械視され、人間とは飛び離れた縁もゆかりもない、ああいう機構ができたと思われがちだけれども、私はそうは思いません。操縦士がなければ働かないんです。

これは長年のあいだ人間が飛びたい、飛びたいと思う念慮が、ああいうものをこしらえたので、人間以外からあんな機械ができたとは思わない。あれはやっぱり人間の新しい肉体だと私は思うんです。

それを今の世代では、すぐ機械と人間の体を二つに分けるから、なんとかかんとか議論がでてくる。しかし、あれは実は人間のこの体から出た二つの方面で、あれであのまま自己同一なものだと私は深く信じております。

ところで、工芸という文句が出たのは明治になってからだと思うが、その工芸自身からからです。

工芸を規定するということはできない。なぜかというに、工芸は非常に性格が複雑多岐だからです。

それではどうすればよいかというと、この人間の生産の二つの部門である工業と美術とそのほかにまあ漁業、農業などいろいろあるが、とにかく生産技術の中に、工業と美術という二大部門があり、そのまんなかに工芸がいるわけです。ちょうど中間にいるのです。だから工芸は常に振幅が大きく美術と工業の間を往復しております。それで工業に近い工芸があるかと思うと美術に近い工芸があります。それがまあ工芸の性格だと思います。工業に近い工芸というと、工業工芸とでも言いますか、美術に近いのは美術工芸というような方向をたどっているのではないかと思います。

ところが、面白いことに、ここに一つの新しい材料が出てくると、それに付随した技術がかならず伴なうものです。そして、前のより不便な材料と技術というものは、どこへいくかというと、美術の方へ棚上げされるんです。こうして一時代前の材料と技術は美術に棚上げされて命脈を保つことになります。

私が若いとき、陶磁器試験場へきたときに、京焼き、そのほか日本の陶磁器をみると、名古屋の日本陶器の製品を見ても、それから伊万里、有田の製品を見ても、他のものに置き換えられてもしようのない性格を持っていました。磁器でなくちゃいけないという性格が、材料自身にないんです。それで、私はああいう性格のない材料を使うなどということは時代遅れだと思ったことでした。

第一、磁器を対象とすると、割れるという経済的な欠陥を一つ持っております。同時に焼くという非常に不経済的な面も持っております。生産としては、このように二つの大きな不経済的なものを持っているわけです。で、こういうものはなくなってもいいのじゃないかと思いました。

その頃は、エボナイトしか出ていませんでしたがね。エボナイトがもっと発展すれば、こういうものは要り用がなくなる。それよりも、もっと土なり石なりの生きた魂が出たものに力を注ぐべきだ。こういうと先輩諸公から叱られたものでしたが、叱られてもそうなる運命を持っているのだからしかたがない。今日ではどうでしょう。ガラスや陶器や磁器というものは、当然その運命を辿り、ガラスなどはプラスチックに非常に押されてきました。

生産と美の救い

それから後、高野山に行ったところ、私どもが泊った宿屋で使っている食器が全部プラスチックになっていました。皿から茶碗までみんなフワフワのプラスチックなのです。これは実にはっきりしたものでした。投げても割れないし、扱いも便利なのです。私が発言してから五十年ぐらいたちましたか。まあ、五十年たったら世の中がそれを証明したわけです。

ガラスなども、今日、日用品の面からはプラスチックに押されてきました。それでは、あの陶磁器やガラスの運命はどうなるかというと、それはそれで結構、美術として棚上げされて残ると思います。現にそうなりつつあります。残念ながら一般の民具としては、もう無理になってきました。

こうして、新しい材料が出てくると、それに応じて新しい技術が生まれ、前の材料と技術は美術に棚上げされて、民族はそれぞれの美を守って行くことになります。

これは私の理窟でも、理論から割りだしたものでも何でもありません。これが今後もたどってゆく生産の運命ではないかと思います。

かつて倉敷で、志賀さんや武者小路さんをはじめ多勢の公開座談会を大原さんが開いて下さったときのことでした。別室にエジプトのタクシブルーの皿があって、これをみた濱田が私に「これは河井が今やっている陶板の形と同じだなあ」と言う。それで私は「ああ、そうかなあ、そう言われると私はやっぱり五千年前に生きていたんだなあ」と言って大笑したことでしたが、すると嘉門（安雄）さんが私に「問いたいことがある」という。何ですかと尋ねると「民芸の将来というものはどうなるんですか」と言うんです。

そこで私は、民芸の将来というものは、機械を使った仕事、これが民芸の本当の息子になるのではないか、今までの民芸というものは、本当のあとつぎはできない、本当の民芸のあとつぎは機械工業品になる、とこういうことを言ったところ、嘉門さんはえらく喜んでくれたことがあります。

これはどういうことかというと、柳（宗悦）は、かねて不二の法門という言葉で言っておりますが、そのこころは、何も知らん人でも美に参加できるということ、美の救いがわれわれにあると、こう言うんですね。

それというのが、美術に棚上げされると誰もが美しいものを生めるとは限らない。特殊な行者でないかぎり、みんながみな美しいものを生むというわけにいかない。ところが機械の方では、いい設計者が出れば立派なものができる。それと同様に、そこではどんな知らない人でもこの機構の中に入れば、美に参加することができる。そこに柳（宗悦）が言っているように、誰もが救われる道があるのじゃないかと思うのです。

今日の建築を見てもやはりそのことが言えるわけでして、あれには大勢の人たちが参加していますが、設計のよい建築に参加した人はみんなその労働が生きている、と私は思います。

話はちょっと横にそれるが、私はかつて豪華ということについて考えたことがあります。豪華というのは、費やされた労働力が非常に殺されていると私は思います。たとえば日光の陽明門みたいに、時の権力に奉仕した労働、その他にもまだ、ああいう過剰な一つの権威に対する奉仕から豪華なものがたくさん出来ているが、これは労働力が奴隷的に使われて非常に惨ましい恰好だと思うのです。

これに対して、もう一方に剛健という言葉があります。剛健もまた人間を奴隷のごとく使って、剛健な築造を建てておりますけれども、これは労働が剛健という精神の中に生き返っていると思います。これは死んでいません。

まあ、そういう点から考えて、このごろ豪華ということが大はやりしていますが、あれは人間の暮しとしては非常に危険な道です。時の権力に使われたり、それを護持するために使われたりする労働について、これからの人間は大いに考えなくてはならないと思います。

ところが、ひるがえって工業部門を見ると最近工業と美術がますます接近しだしています。そこでこの頃の本を読んでみると、世界の建築家の意識が、もう機能本位ではいかんというところへ行っているそうです。機能万能の時代になって、それだけでは人間の建築としてはあきたらない、そういう自覚の上にたって、これをどう解決するかが今日の建築界の悩みになっているということですが、私はそうあるべきだと思います。

世界中の土産品

前項でも述べたように、機械の普遍的な仕事には次から次へ新しい資材、新しい技術が出てくるものだから、それに磨きをかけ完成する時間がない。一つのものをやってそれに一所懸命になると、次にまたより便利な、より経済的なものが出てくるから、一つの材料と技術に習熟する時間がないのです。

過去の民芸の場合には、長い世代にわたって、交通もあまり便利でなく、むしろ不便でしたから、一境一地で、否が応でも一つのことに精進し、それを完成しなければならなかったので、ああいう立派な民芸を作ったんだと思います。いまは忙しくて、そういう時間の余裕がない。次から次へ新しい資材と技術が出てくるから。

しかし私は今にわかに機械工業を呪うわけにはいかない。やはり時をかさなきゃいけないと思う。さいわい工業の方面でも、これだけではいかんということを自覚しだしたというのだから、そうあるべきだと思っております。

ところが、この間もお話したことですが、西暦二〇二六年一月には、世界の人口は二百六十億になるというんです。ユネスコも国際連合もいま一所懸命で、それに対する対策を考慮しているそうですが、さもあるべきで、これが話半分に聞いても由々しいことだと思います。

それで、いまから六十年ほど先になると、畳半畳敷に一人の割当になるという。ここに、まあ人間の大きな悩みといえば悩みがあるわけです。世界の都市はみんな地下にもぐらなければならないし、地上はかさ上げして都市の上にまた都市をつくり、空中にも家を作らなければならんというような方向を辿っているというのです。

これは本に書いてあるそうですが、さて生産部門にかえって、農業とか漁業とかいうものはどうなるか。その時分になると、ものすごく余暇ができて、おそらく三日ぐらい働いて、あとはまあ遊ぶというと語弊がありますが、一週間に三日も働けばよいというようなことになるのじゃないかという見通しをたてている人があるようです。

その余暇をどうするか。ただテレビを見たり映画を見たり歌を聞いたり、それだけではそういうお仕着せの外部からのものだけでは人間は我慢できない筈です。

人間はなにか自分の体の中のものを出さなければ我慢ができないのですから、その関係はどうなるか。こういうことを考えてみるといま農業は人工食糧をこしらえたとしても農業から人間は離れることができないと思います。それから漁業というものがありますが、これは前々から私は水の農業と言いたいと思っております。それというのが、すでに漁業は養殖の時代に入っていますが、今後ますます人口がふえれば取り過ぎになる。そこで漁業は水の農業になってゆくしくみを持っていると私は思うのです。たとえば電気の網のなかへ鯨をいれて、プランクトンの多いところへ連れていって大きくする。おそらく、こういうことをすでに考えている人もあることでしょう。

いずれにしても、このように人間が自然の大きな力と協力してやる仕事は、今後ますます重要になってゆくのではないかと思います。そうなると世界中が、形の上では一応平均することもあるでしょうが、内容としてはそれは出来ないことですから、やはり各民族がおのおの特質を持って出てくる。すくなくともその方向を辿ってゆくものと思います。

そこで旧民芸品なども、できるだけ、そしてつづく限り、これを守るべき責任があると思います。生産者の存命の間に、たくさん作品をつくって頂いて、みんなが喜びあうことが大事になります。それと同時に、そういうものの発展がなくてはならないと思います。

ところが、いま世界中の土産品を見ると、実にひどいものです。どこもかしこも、ほとんど取るに足る土産品がありません。これはもう少し各国の民族が自分たちの血で考えるべきだと思います。

先日、私は北海道へ行きましたが、熊の彫刻が氾濫していました。その熊は面白くないのが多い。造形として非常に写実的で、とても程度の低いものです。

ところが見てゆく間に、アイヌの人の血から出た造形があって、私はそれを二、三十買ってきました。これにはやはり新しいアイヌの造形力の血が、新しい方面で出ているのです。いまでもたくさん保存しておりますが、これは、いずれ「民芸」誌上に写真を入れて紹介したいと思っています。

ところが、バリ島でもこの二、三年、民族の造形に本当の魂から出たものがありましてね、それをアメリカの婦人からたくさん貰ったり、博次〈注＝子息・美術評論家〉が求めてきたりして随分たくさん見ました。これらを見ると、本当のものをこしらえていると思います。

しかし、一般にそんなものは売れないとみえて、座の下でカビが生えていたんですが、それはなかなか立派なものですよ。

暮しの中の創造

この間、奥野さんが台湾へ行ってみえて、台湾の事情がだいぶんはっきりしましたが、台湾の高砂族はいま中断されているようです。非常に暮しが悲惨だそうです。気の毒なことですが、ここでは本島人がものをこしらえて、土産品などにはなかなか面白いものがあります。

これには、もちろんアフリカの影響があるにはあるが、アフリカの影響だけでもないいんですね。やっぱり民族の血が出ています。それで民芸は危機に瀕しているとか滅びるとかいいますけれども、それは見解がせまいと私は思います。私は滅びないということを深く信じております。

現に、建築の方に例をとってみると、上田（恒次＝陶芸家）もいろいろと一役買っていますが、宮地さんを介して、われわれの民族の造形がいかに今の暮しに適応しているかが立証され、民芸は死んでいないとつくづく思います。東京の「ざくろ」にしても、広島の「ざくろ」にしても宮地さんの仕事は大したものです。決して死んでいない。新しい時代に適応しています。美術評論家などは、それをもっとしっかり見なくちゃいかんと思いますね。

それから、折衷の方では（新しいものとの）祇園町の「鍵善」がひと通り折衷していると思います。ああいう方向もあるわけで、結構民芸は絶滅どころか、まだ生き残って大きな息を吹いていると思います。

昨年も中津川へ参りまして、夜烏荘というのに泊って、私はたくさん示唆を受けました。夜烏荘ではみんな離れ家式で、たしか五、六軒の付近の民家を移しそれを宿屋に使っているのですが、そこで私は栗の木で作った一見してみるからに貧乏くさい部屋に通されました。三部屋ある棟でして、やはり後から手を加えたものですから多少の欠陥はありますが、だいたい貧乏くささが生きていました。「貧乏」という言葉がいけなければ、「素」が生きているんです。主人は、まあそういうことがなかなか好きなんですね。かけ物から屏風から、なかなかそれに合うように作っておられました。

今年の三月には七十坪ばかりの家、大井の奥の名高い家だそうですが、それを移築するという話を聞きました。その間取などを見ると、素晴らしいものです。それはもう個人などでは保存できない代物です。そうかと言って、市がそれを大事にするとすれば、保存が大変ですし、建物が市のものになってしまいます。

ところが、さいわいに旅館、料亭ということになれば、保存できると同時にそれが生きます。私は今後こういう仕事は旅館業者の人にすすめ、そこで一つ、こういうものの骨組を残してもらいたいと思っております。

だから、私は悲観しません。民芸の危機だなどといってじたばたすることもありません。それどころか私はいま無限の希望が持てています。

これは日本だけの問題ではなく、世界中の問題で、世界の希望でもあるわけですから、その意味で私はたじろいでおりません。

この間も、ふと気がついて、新聞の活字というものを見直しました。あの新聞の活字を見ると実に大した字が書いてあります。誰があんな母字を作るのか、みんな名のない人なんです。それでいて、民族の、しかも機械化された腕さえ生かしているのです。はねかたと言い、筆がもってきた勢いと言い、ただの線——曲線と直線との混合というようなものじゃないんですね。もっと魂の入った文字を作っているのです。

それから南座の勘亭流（かんていりゅう）のマネキを見かけますが、あれを書く人に私は驚いています。筆で「中村」などと書く、あの「村」なんてのは、ちょっと読めません。それでいて、ちゃんと中村と読ませる。まったく驚くべき文字を創造していると思います。昔の勘亭流より私は今のがよいと思っております。

そのほか「飯」という字、「うどん」という字、あるいは「喫茶」という字、例をあげればいろいろあります。これらは提灯屋、傘屋の文字だからとひとは軽蔑していますが、それでいてあの文字は、売る物の性格、たとえば「うどん」の性格、「喫茶」の性格をよく摑んで表現しております。

あれこそ民族の素晴らしい、世界にない、また世界の人が喜んでくれる風情を現わしたものだと私は思います。

字と言について

この間も博次に話したことですが、妙心寺の南の門に大きな看板が上っております。新しい看板ですが、それには「大本山妙心寺」と書いてあります。私は通りがかりにこれを見て驚きました。立派な字で、とても立派な字なんです。

これには個人の臭味などまったくありません。それで私は、「公（おおやけ）」な字というのはこんな字だなと感心したことでした。

考えてみれば、昔からそういう字がいくらもあります。個人の臭みとかなんとかいうものは蹴とばしてしまって、人間の魂の大きさとでもいうか、そういうものを現わしている。私はほんとうにこの門にはひれ伏しました。

次には文字の中に「私」の字があると思います。昔から名筆といわれた人などにそれがたくさんあります。たとえば白隠とか仙厓みたような人、あれは「私字」をやったんです。

しかし「私字」の中にも、戯れが入った「戯字」があって、これもなかなか面白い字だと思います。で、同じく書の中にも「公」の字と「私」の字と「戯」の字があることはよくおわかりだと思いますが、それには各々とりどころがあって、どれがいいと一つに決めるなんて無用なことです。それぞれ、みなあってしかるべきだと思います。

したがって、字を下手とか上手とかでみたら、解らなくなります。下手上手でなく、魂が出ているか出ていないか、それだけが大事じゃないかと私は思います。

今ここで思い出すのは富永仲基（とみながなかもと）という人のことです。江戸中期の大阪の町人学者だそうですが、不思議なことに内藤湖南先生がそれを発見せられました。「出定後語（しゅつじょうこうご）」という本をその人は書いています。それから「翁の文」という本を書いています「出定後語」も「翁の文」も私は内藤先生から貰いまして大事に持っていますが、これはなかなか聞くべきことを私どもに教えてくれました。

仲基という人は非常に偉い学者です。町人学者ですが、特に歴史に興味を持ち、大蔵経を読み通した人です。あの大部なものを読み通して、お経の中から仏教というものの性格を自分で見たわけですね。

そこで三原則をたてていますが、面白いことに「加上」という法則、歴史のなかにはこの加上ということがあると言っています。上に加える。雪だるまが大きくなるように後からふくれ上ったことがあるというんです。だから「異部茗字必ずしも和会しかたし」という法則をたてています。それは、ものは必ず一元で決めたら間違いだ、多元でいいんだ、と。こういうことだそうです。

それから三つめには「言葉に人あり、言葉に時あり」ということを言っています。人によって、同じ言葉でも内容が違ってくる。また時代によっても言葉の内容が違ってくるというのです。

この三つの原則から、お釈迦さんをこんどは着物を脱がしてみました。すると、お釈迦さんは、もう本生譚なんかにある小乗だけを説いた人だということが判り、大乗はみんな後の人たちが雪だるまの如くつけ足したものだと断定しております、なんとまあ、痛快な話ですよ。

このことから、私は一つのものの見方について非常にいい考えを貰っておりますが、さらに、もう一つ思い出すのは、荘子です。荘子のなかに出てくるいろいろ素晴しいことがらです。

荘子はこういうことを言っているそうです。われわれがものを言う上に、その重言というものを使うと言うんですね。それは、古えの立派な先達の言った言葉を使って自分を表現する方法だと。たとえば孔子さんはどうであるとか、仏典ではこういうことがある、と言って自分を語る言いかた、それが重言だというのだそうです。

ところが、次には寓言というものがあると言っております。譬え話で自分を語る人がいると言うのです。次には卮言というのがある。卮言というのは、あまのじゃく風な、なんというんですか、なかなか面白いことばですが私はこれを読んで、自言というのがあってしかるべきじゃないか、自分の言葉というもので言ってもいいじゃないかと、考えたものです。

ところが、荘子はなぜ自言というものをあげなかったかというと、荘子は知ってはいるが、自言というものは非常にあぶない、間違いが多い、それで自言というものをおさえたのじゃないかと思います。

しかし、ここでこういうことを言うと今の世代は間違えるかも知れないが、自言というものもまた、あってしかるべきじゃないかと私は思います。

それから、荘子で面白いのは、近ごろ民芸の危機だのなんだのと騒いでいることを、ちゃんと二千何百年も前に言うていることです。

それは、孔子の弟子の子貢が地方を旅行したときのことです。お百姓がつるべ井戸の水を汲んでは、田圃にかけている。子貢はそれをみて（子貢は実理主義者ですが）あんなに体を酷使せんでもいいじゃないかと思い「お百姓さん、あんたはそんなに体をむちゃに使わんで、今の世の中には便利なはねつるべというものがある。その便利なはねつるべをなぜ使わんのか」と言うと、お百姓が答えて言うには「いや、わしらも噂に聞いて、いかにも便利なもんだということは知っている。けれども、それを使わないのは、働くという意欲が阻害されるからだ。わしは体を使って働きたいんだ。ところが、そういう便利なものを使うと、わしの横着心が出ていかん。能率は悪いけれど、わしはやっぱりこうして体を使ってやった方がいい」と言って、一向に改めなかったということが書いてあります。

これは、ちょうど今、私の考えている民芸の問題にもあてはまるのじゃないかと思います。

人間としての意識

前回で、私は孔子の弟子の子貢と五人のお百姓の故事について話しました。荘子にはこれを「機械ある者は必ず機事あり」ということばで表現しておりますが、説苑には更にこれを敷衍して「機知の巧あれば必ず機知の敗あり」という風に言っております。子貢が畑に水をかける機械の作りかたを教えてやると五人のお百姓は「われわれもそれを知らんわけじゃない。しかし、機知の巧あれば必ず機知の敗有り（機械を利用する知恵のある者はそのからくりがもとで失敗する）という教えがあるから、そうしないまでだ」と言って非能率的な水くみを一向に改めなかったというのです。

これは、ちょうど今、私が考えている民芸の問題にもあてはまるのじゃないかと思います。

彼らは知らないからこそ、美が生めた。その美が民芸だと私は思うんです。しかし、知らないからこそ衰えてゆく美、それが民芸じゃないかと私は思います。

そこで、知らない人が美を生むということ、これは私どもにとって有難いことだけれども、その反面、もうそういう人には期待が持てません。すぐ悪くなってしまうからです。

それで自覚したものが——一種の行者が出てそれを守らねばならないことになります。そうして、こんどはその行者たちが無名になってしまいます。

大勢出てくれば、それはもう無名です。いまの建築家みたいなものです。たくさん建築家がありますけれども、どの建築はだれが作ったか、誰も知りゃしませんよ。それでいいんです。それで、そういう自覚の行者が、やはり無名に入っていけるのです。

この間も禅問答を読んでみて、禅宗というものは日本にまだ生きていると思いました。たとえば大徳寺——何も大徳寺だけではありませんが、あの山内の塔頭の中なんか、非常にこう整備されて、あれ自身が仏教なんです。あれ自身が禅なんです。あれ自身が公案なんです。

ああいうものは衰えもどうもしちゃいません。ただ衰えとみているだけの話で、決して禅の本意等は失っておらんと私は思うのです。

この間、ものを読んでいたら、面白いことが書いてありました。ある剣術の行者が「やあー、俺の刀は三尺じゃ」と言った。するとある行者がそれに答えて「俺の刀には大きさはない」と言ったというんです。

これは負けです。わしの刀は三尺じゃ、という、そういうことは非常に普遍されていますよ。それで思いだしたのが一休和尚のタコを喰われた話です。

意識の世界では、ああいうことがよくあるのですが、一休は「食物を食べたがタコを食ったとは思わん」と言ったというんですね。

ある日、一休が在家に行って、反吐を吐いた。するとタコが出てきたんで、在家の信者の人たちは「和尚はけしからん、タコを食ったりしてけしからんじゃないか」と言ったというんですね。すると一休は「そうかなぁ、唐土(もろこし)の善導大師様はなぁ、仏を喰わしゃらなかったのに口から仏を吐かしゃった。わしもタコを食った覚えはないで。食物は食ったけど、タコを食った覚えはないで」

これは面白いですね。これは認識論の問題です。いずれにしても、まあ、こういう禅の思想が日本人の血肉になっておるので、禅だけでもないが、日本人の信仰というものは大事なものだと私は思います。

それから、荘子のなかに、もう一つ面白い話があるのを私は忘れることができません。これは譬え話でしょうが、支那中部の大きな国の王様に渾沌という人があった。その渾沌王が、北の国の王様と南の国の王様を招いて大変ご馳走をしたんです。ところが、北と南の王様が二人寄って、

「なんと、渾沌王に大変ご馳走になったがなんかお返ししようじゃないか」

「はあ、それがよろしかろう」

「あの渾沌王には、人間としての七つの穴が開いていない。それをわれわれが開けてあげようじゃないか」

そこで、七日がかりで、日に一つずつ穴を開けにかかったんです。人間には七つの穴があるそうですね。ところが、七つ目の穴を開けたら死んでしまったと言うんです。

面白いですね。私は飛び上がりましたよ。これは今日まで生きていることなんです。これは意識の問題なんですがね。人間としての外界との意識問題が、野蛮未開の人にはないから、まあ慈悲でもって穴を開けてやったところ、さて全部の五官の穴が開いたとたんに死んでしまったというんです。

ちょうど原子爆弾と一緒で、穴を開けたら自分たちが死ななきゃならん。面白いです

ね。これは二千三百年前に言われたんです。

まあ、そういうことがあったりして、私は決してものが衰亡したりしないものだと思っています。危機といえば、いつでも危機ですよ。常住危機だと思います。だから、そういうことに足をとられないように――私は危機だけに希望が燃えるんです。（談）

（「日本教育新聞」昭和四〇年七月～八月）

Ⅱ　暮しと言葉

蝶が飛ぶ　葉っぱが飛ぶ

戦争も終りに近づいた頃でありました。東京も大阪も神戸も都市という都市が、大抵やっつけられてしまいまして、やがてはこの京都も、明日ともいわず同じ運命を待つ外ない時でありました。

私は毎日のように夕方になるとこの町に最後の別れをするために、清水(きよみず)辺りから阿弥陀(あみだ)ケ峰(みね)へかけての東山(ひがしやま)の高見へ上っていました。

その日もまた、警報がひんぱんに鳴っていた日でありました。私は新日吉(いまひえ)神社の近くの木立の下のいつも腰掛ける切株に腰掛けて、暮れて行く町を見ていました。明日は再び見る事の出来ないかも知れないこの町を、言いようもない気持で見ていました。

その時でありました。私は突然一つの思いに打たれたのでありました。なあんだ、なあんだ、何という事なんだ。これでいいのではないか、これでいいんだ、これでいいんだ、焼かれようが殺されようが、それでいいのだ——それでそのまま調和なんだ。そういう突拍子(とっぴょうし)もない思いが湧き上って来たのであります。そうです、はっきりと調和という言葉を私は聞いたのであります。

なんだ、なんだ、これで調和しているのだ、そうなのだ、——とそういう思いに打たれたのであります。しかも私にはそれがどんな事なのかはっきりわかりませんでした。わかりませんでしたがしかしいつこの町がどんな事になるのかわからない不安の中に、何か一抹(いちまつ)の安らかな思いが湧き上って来たのであります。私は不安のままで次第に愉しくならざるを得なかったのであります。頭の上で蟬がじんじん鳴いているのです、それも愉しく鳴いているのです。さようなら、さようなら京都。

それからは警報が鳴っても私は不安のままで平安——といったような状態で過ごす事が出来たのでありました。

しかし何で殺す殺されるというような事がそのままでいいのだ。こんな理不尽な事がどうしてこのままでよいのだ——にもかかわらず、このままでいいのだというものが私の心を占めるのです。この二つの相反するものの中に私はいながら、この二つがなわれて縄になるように、一本の縄になわれていく自分を見たのであります。

それからは一週間ほどしてからでありました。ある日のこと、よく出かける山科(やましな)へ行こうと思って出かけたのでありました。山科の農家や田圃は、いつも愉しくしてくれるのです。道は蛇ケ谷を経て東山の峰を分け、滑石峠にかかって山科へ下りるのであります。峠の見晴らしは素晴らしいのです。この峠を少し下った処に山桐の大木が一本つっ立っています。私はいつもその辺で一休みするのですが、ふと見ますと、この大きな木の葉がことごとく虫に喰われて丸坊主になっているではありませんか。ぐるりの青々とした松や杉の中に、この木一本が葉脈だけの残ったかさかさの葉をつけて立っているのです。

葉っぱは虫に喰われ、虫は葉っぱを喰う——見るからにこれはいたましいものそのものでありました。

それにしてもこの日はどうした日だったのでありましょう、私は見るなりに気付いた事でありましたが、いたましいというその思いの中にこれまでかつて思った事もない思いが、頭をもたげたのであります。葉っぱが虫に喰われ、虫が葉っぱを喰う——これまではこうより外に見えなかった事が、今日という今日はどういう日だったのでありましょう。

葉っぱが虫に喰われ、虫が葉っぱを喰っているにもかかわらず、虫は葉っぱに養われ、葉っぱは虫を養っている——そうその時にはしかと見えたのであります。

喰う喰われるといういたましい現実が、そのままの姿で養い養われるという現実とくっついているというのは、そもそもこれは何とした事なのでありましょう。

この間中から、もやもやしていた、これでいいのだ、これで結構調和しているのだというような、しかしつきつめると何でそうなのだかわからなかった事が、ここで答えを得たのであります。虫と葉っぱは明らかに、かく答えたのであります。不安のままで平安——そうなのか、そうだったのか。

蝶が飛んでいる、葉っぱが飛んでいる、暮れるまで山科の村々を私は歩きまわっていました。

この世このまま大調和

（「ＰＨＰ」昭和二四年）

歴史の突端に立つ子供達

紺青の海の向うから大きな朝日の正月が昇る。
新しい年を迎えた子供達が真っ赤に昇る。
あれは朝日で正月で子供等だ。
子供達は待たれている、呼ばれている、招かれている。
真赤な正月だ。真赤な子供だ。真赤な自分だ。
真更（まつさら）に光って、ふくらんで、燃えて、今こそ昇る。
どんな自分を見付けるか今年。
どんな自分を貰うか今年。

（「民藝」昭和三九年一月号）

いのちの窓それ以後

えんまこおろぎは秋の門番
今日からさわやかな風の中の門あける

＊

生を知らぬ生——虫よ草よ万歳

＊

一（ひ）と把（たば）の雨と二三個の雷——秋来（きた）る

＊

入り日の金の松　空へ象嵌（ぞうがん）

＊

一本の松　大空へ模様

*

日本という国は農村という土地に取り組む静的な生命を漁村という海洋にいどむ動的な生命の風呂敷で包まれた幾個かの荷物、工業などというものは風呂敷にいくらかの模様をつけたり中味に多少の複雑性を与えるだけの混(まじ)り物

*

虫の声がひたひたと波の様に打寄せる深夜の浜辺、寝床の島の中に今一人いる。形と色との日中の陸地の中にまぎれ込んでいた自分を今こそ取り返している時だ。はてしない静かな海——夜はあらゆるものから切りはなして自分を一人にする。からだも何もない自分、意識だけきりない生命、今こそ自由自在、何のまじりのなき自分、あらゆる現実を仮空に、あらゆる仮空を現実に今出来るのだ。あらゆる不可能を可能に、植物と話し動物と語り、何万年の前を見、何万年の後を今見るのだ——秋の深夜

*

いのちは歩く　自分をさがしに歩く

*

からだが標準　からだがはかる

*

こんなにものが美しく見える人間の美しさ

＊
生命は美しいもの見に来たのだ　みにくいもののためではない

＊
貴重な生命――自分と戦っている生命

＊
生命の正体――歓喜

＊
どこからさがして来たかこの形
どこからさがして来たかこの色
花よこの花

＊
邪魔草引きぬかんとふと見れば花みつけたり　引くにひかれず

＊
重なりあった山々　春の顔出す

＊
美はすべてを愛す　草と虫　山や水

＊

山を見ている　山も見ている

＊

虫は自分が虫である事を知らない

＊

ここにも生きていると遠い雪の山からのかすかな煙の信号

＊

優れた人といえば大底棚の上に上げてまつってしまう
尊ぶのはいいけれど実はなんにもならぬ事だ
自分と同じ平面に下して見なければならない

＊

自分はこの世へ喜びをさがしに来ただけだ

＊

草や虫や獣はこの世へはただ生きに来た。人間もまた生きに来た。
ただこの為の生命とちがうのは人は幸福を求める生命であるという事だけが
不幸にしている生命だ。

＊
世の中は自分自身でつくっているだけの世の中

＊
名もなき形　どこにどうして生きているか　これこの生きた点　点

＊
意識は存在に先立つ――どうだ　無限の世界の展開

＊
この世には幸福よりほかに必要なものはない
もし不幸が多すぎたなら人はとうに絶えたはずである
が、不幸はちょっぴり幸福を作るための発酵素である事だけの必要品

＊
不幸はしばしばほんとの人間　美しい人間を作る道具

＊
人は作る事により――物を作る事によって深く自分自身を読み取る

＊
文字は言葉の代用品

人はその人の力だけの存在

＊

人間は意識を得たために本能を失いしなり

＊

この世は自分を見に来るところ　何と言う素晴らしいところ

＊

この世は喜をさがしに来たところ　そのほかのどこでもないところ

＊

河原へ石さがしに行く人　自分を拾いに行く人

＊

何という自分の発見　こんな誰が作ったかわからないものの中に自分がいたのだとは
何という発見

＊

何か見なければ　何か新しいもの見なければおかない生命

＊

頼母(たのも)しい生命　どんなにでもつくれる生命

＊

自分を乗り越え　自分を乗り越え　自分さがしに

＊

生命の進路――自分の中には自分に逆行せんとする力が動くので推進される

＊

知恵は本能の変形

＊

有限の世界での無限の証明

＊

美に向かって行進する生命――人間

＊

自分自身が新しい美学

＊

人は皆自分を燃やして焚いてその火でもの見る

＊

人、世の中に播かれた一つの生命　どう発芽するか

＊
力の表現——生命
＊
考えは間違ってもからだは間違えぬ
＊
考えで見ない　からだで見る
＊
時間は存在しない
雨風に年齢なし　いのちに年齢なし
時間は人間が意識した観念
＊
こんなところに自分がいたのかと　もの見つめる
＊
いのちはたった一つの目的を持つ
生き切るというたった一つを

*

道を歩くために生きてはいない
歩いた跡が道になる生き方

*

恐れのないところに死はない

*

壮麗生きて動いている大建築——人間

*

身体（からだ）の中に無数にいるまだ見ぬ形のいる身体（からだ）

*

無数の美　未知の美の住居——からだ

*

ないものを得ようとするのではない
あるものをとり出す

*

自分の喜を他の生命に投げ入れる——愛

与えてとらず――徳

＊

くたびれを知らない形　反覆の美――民藝

＊

素晴らしくてもいけない
ふぬけでもいけない――民藝

＊

素晴らしくなくてはいけない――美術

＊

追いかけた美　作る者が主体――美術
追いかけられた美　見る者が主体――民藝

＊

美は捨てた時が得た時

＊

求めなければ与えられる

＊
美を捨てる仕事――美術
＊
物は皆見る人のもの
見る人の力だけのもの
＊
人がさがしてくれた自分――本読む
＊
何という美しい耳だ　あの音聞いている耳
何という美しい手だ　あの美しいもの持っている手
＊
呼べばいつでも起きて来る者がからだの中に寝ている人間
＊
自分でもまだ見た事のないものが自分のからだの中に寝ている人間
＊
きたないものさえ美しい　どうしよう
美しいものばかり　どうしよう

美はあらゆるものに化身す

＊

すべては自分のもの　誰ものもの

＊

外にはない――内に一杯
貰わないでも――内に一杯

＊

何というからだ　何がはいっているかわからぬからだ

＊

喜びの足りない時が失敗

＊

いつも救われているけれど一日中救われていると意識してはいられない
思い出す毎救われているという事が救いなのだ

＊

時勢とともに歩いてはならない
時勢とともに歩かねばならない

＊
美は人をさがしている
＊
美はさがす事はいらない
美の方がさがしている
＊
美を追うのではない　美から追われているのだ
＊
美をつかむのではない　美からつかまったのだ
＊
美へ美へと向かういのち——人間
＊
するだけの事する　今こそ自分の完全消費
＊
自分は見えるもののすべて
＊
窓あけて　いのちの窓あけて　もの見る

*

死ぬる事はきまっている　死なない事もきまっている

*

恵まれていない者はない　拒んでだけいる人

*

同じもの与えられながら別々に受け取る人間

*

美はいつも人をさがしている　幸福は人をさがしている

*

ものは外にあると同時に内にある　それが一つなのだ

*

人は死さえ希望なのだ
自分を見たい希望なのだ

*

自殺は逃避だというのはうそだ
あれは自分の発見への勇敢な最後の投資なのだ

＊

招かれないのに集まり　与えられないのにあたためられ
呑まされないのに酔わされ　話されないのに語られる
——囲炉裏の火

＊

来るものは来るまでは来ない

＊

この世は自分でつくっているところ　どんなにでもつくれるところ

＊

知る事は大事　忘れる事はなお大事

＊

時間は人間が見付けた生命——生命の所在が時間

＊

「この世このまま大調和」美しいかな有り難いかな
雨とぬれ　風と吹き　雷と鳴り　地震とともにゆれるのだ
秋風と一緒に鳴き　芙蓉と一緒に咲き　仕事と一緒に仕事

＊

仕事へ旅行　未知の形の中へ旅行

＊

つかまえなくともつかまっている
求める前に与えられている
祈る前に聞かれている

＊

からだの祈り　仕事は祈り

＊

苦しんでいようと　悲しんでいようと　怒っていようと　人はどんなに思っていようと　生命は喜んでいるよりほかには生きてはいない

＊

悲しんでいてもしんそこは喜んでいるものがいる　怒っていてもしんそこは喜んでいるものがいる——何だ何だこれは何者だ

＊

悲しんでいても喜んでいる者がいる
怒っていても喜んでいる者がいる

＊

苦しんでいても喜んでいる者がいる
生命は怒りや悲しみや苦しみでは——そんな外側のものではどうする事も出来ない、意識の下層部にいる生命はそんなものではかすりきずさえも付ける事は出来ない、生命はどんな事が起こっても喜んでしかいない、だからこそ生命は生き切るのだ、生命が不死なのはそのためなのだ、人が喜ぶとひとりでに愉しくなるのは内にいる生命の本体なる喜と合体するからである

（自筆ノート／昭和二一年〜二三年）

手考足思

私は木の中にいる石の中にいる　鉄や真鍮の中にもいる
人の中にもいる
一度も見た事のない私が沢山いる
始終こんな私は出してくれとせがむ
私はそれを掘り出したい　出してやりたい
私は今自分で作ろうが人が作ろうがそんな事はどうでもよい
新しかろうが古かろうが西で出来たものでも東で出来たものでも
そんな事はどうでもよい
すきなものの中には必ず私はいる
私は習慣から身をねじる　未だ見ぬ私が見たいから

私は私を形でしゃべる　土でしゃべる　火でしゃべる
木や石や鉄などでもしゃべる
形はじっとしている唄　飛んでいながらじっとしている鳥
そういう私をしゃべりたい
こんなおしゃべりがあなたに通ずるならば
それはそのままあなたのものだ
その時私はあなたに私の席をゆずる
あなたの中の私　私の中のあなた

私はどんなものの中にもいる
立ち止まってその声をきく
こんなものの中にもいたのか
あんなものの中にもいたのか

あなたは私のしたい事をしてくれた
あなたはあなたでありながら　それでそのまま私であった

あなたのこさえたものを
私がしたと言ったならあなたは怒るかも知れぬ
でも私のしたい事をあなたではたされたのだから仕方がない

あなたは一体誰ですか
そういう私も誰でしょう
道ですれちがったあなたと私

あれはあれで　あれ
これはこれで　これ
言葉なんかはしぼりかす

あれは何ですか　あれはあれです　あなたのあれです
あれはこうだと言ったなら
それは私のものであなたのものではなくなる

過去が咲いている今

未来の蕾（つぼみ）で一杯な今

（「民藝」昭和三八年一二月号）

新時到来

空へ模様、水に文字、
　　雲の上に家——
これ以外に人の仕事が
　　あるのであろうか
何れは跡形もなく
　　消えるのであろうが
だからこそ人は仕事をするのだ。
何と面白いではないか、
　　自分

（「民藝」昭和四一年一月号）

饗応不尽

無数のつっかい棒で支えられている生命
時間の上を歩いている生命
自分に会いたい吾等(われら)
顧(かえり)みればあらゆるものから歓待を受けている吾等
この世へお客様に招かれて来ている吾等
見つくせない程のもの
食べ切れないご馳走
このままが往生(おうじょう)でなかったなら
寂光浄土(じゃっこうじょうど)なんか何処(どこ)にあるだろう

（個展案内状／昭和四一年一〇月）

Ⅲ 陶技始末

一

この稿始め原料に発し技法に及び焼き方に結びたきを筆者の都合上中編より始むる事とせり。

京都の北郊岩倉村幡枝（はりえだ）に、古い土器（かわらけ）の製法を観たことがある。丘を負うた藁屋の聚落（しゅうらく）の一軒の黒光りした農家の中に出て来たのは、きまったように枯葉のようなお婆さんと切株のようなお爺さんであった。でもお婆さんといえば、その皺ほどな深みがあり、お爺さんは根っこほどなふんばりがあるものだ。お婆さんはこの辺の古風な姿に襷（たすき）をかけ、前には南瓜ほどな土と、藤豆位な竹篦（たけべら）と、白い小布と、丼に一杯の水と、それから鍋蓋かとも思われる把手のない径七寸位な木の円板が並べられる。さてこれだけのものがどう働き出すものか、お婆さんは誰もまだ見たことのない神代をそのままここへもって来るのである。

お婆さんは右腕に肘の上まである白木綿の手甲をはめ身仕度を整え、まず白い小布を丹念にたたみ竹篦に巻いておく。それから土の団子をくるくる作って左の掌に乗せ、右手を上にぺたぺた叩いて煎餅（せんべい）を拵（こしら）え、右手の白木綿に包まれた肘頭で餅をつくように左掌の土の煎餅を左へ打ち廻すと、煎餅は浅い碗に変って行く。（第一図）

一

二

三

次には右手で鍋蓋に水をつけ肘の代りに左掌の碗にあてながらぺたぺた左へ廻して行くと分厚な土は次第に薄く丸く拡がって掌一杯に滑かな皿が生長するのである。（第二図）

ここで思い出すのは塚原卜伝と宮本武蔵の囲炉裏端での試合に大切な鍋蓋である。全く鍋蓋というものは不思議な動きをするものだ。――と観るほどな人は意外な事に出喰わすのである。そしてくすぐったいほどに笑わされ、なるほどなるほどと一も二もなく満足し合点してしまうのである。

この思いがけぬ楽しみがまだ消えやらぬに、お婆さんの右手は布を巻いた竹箆を逆手に懐剣を握る時と同じく、母指を箆の頭に置いて皿の内側にあて、再び左に二、三度廻すと見込みに段輪がついて土器は出来上るのである。（第三図）

今もなお農の片手間に作られ、諸々の神前に用いられているようだ。村で名字（みょうじ）に大夫名のつく家は、皆土師（はじ）の末なのである。

これらは雲土器（くもかわらけ）といわれている。重ねて素焼きするために見込みに火が透らず、土の中に煤が雲のように残るところからの名であろう。伏見あたりで今作られる雲土器は磨きのかかった艶々したもので、百中するためにわざわざ見込みに油をぬったり石墨の粉を置いたりして燻らしているようだ。

花嫁花婿は神前三宝の上で、是非ともこれを真っ先に口づけせずばなるまい。

四

五

琉球で泡盛壺を作るのを観たことがある。窯の入口の横に蛇のように太い縄を巻いた丸太棒が立てかけてある。一台の手轆轤と蹲った犬ほどな土。脛までの筒袖を着、裸足の人がそこにいる。

底になるほどな土を轆轤の上に叩きのべ、一握り位の土のヨリ棒（紐のこと）を二尺ばかりもんで一端を肩にかける。左の掌を外にあて右手に握り拳を作って内側にあて、ヨリを挟んでねじ廻しつつ丸い底の上に次第に壁をのばし高めて行くのである。（第四図）

この際、斜めに立てかけられた縄巻の丸太棒は、右の片尻を据える高低自在な腰掛なのである。（第五図）

一の枝に鳥が一羽、二の枝に鳥が一羽、三の枝に鳥が一羽。尻はだんだん上に腰かけ上り、ついには壺が成るのである。こんな人を裸体にしたならば、左尻の横に職業から表彰された大きな勲章を発見するにちがいない。

故郷の町はずれの皿山（安来ではそう呼んだ）では子供の時はよく藍甕を作っていた。これは何しろ高さが五、六尺もある。海の向うの夜見ヶ浜からは、ソリコ舟に乗って棺桶代りによく買いに来たりした。

皿山のおっつぁんは、脚立に乗っかってヨリを巻きながら作っていた。大きな甕なので中には蠟燭をともして作る。おっつぁんの顔の半分と右の腕が思い出されるのである。

田圃の川べりの水簸(すいひ)小屋からデンボに入ったどろどろの粘土を盗んで蕗の葉に包んでいると、このおっつぁんに見つかって追われたものだ。しかし、皆ぱらぱら麦田へ飛び込めばおしまいであった。町の子供は、たいていこうして粘土細工を楽しんだ。おっつぁんはすでになく息子さんの——といっても、もう五十近い中島秀市氏は今でも蠟燭をともすほどな大甕が作れるのである。

琉球の壺屋の一軒の仕事場では土間の中ほどに蹴轆轤(けろくろ)が径三尺位の丸い穴の中に据えられていた。どこへでも坐られるのである。一廻り作ればぐるりは物の形で一杯なのである。聯隊旗のように製品は放射し輝く。

同じ壺屋の一軒で赤い素焼きの丸瓦を作っているのを観た。燃えるような緑の丘や野の中に、この赤瓦の屋根は、花のように咲いているのである。

仕事場では提灯を作るように円錐形の木型に竹の簀を巻き、荒布を冠せて土のヘゴ（板のこと）をなでつけ丸行灯をさげるようにさっさと干場へさげて行ってぽんと木型をぬき、簀と布を巻き取っておくのである。（第六図）

どこの瓦屋でも、瓦といえば几帳面に行列干すのであるが、ここでは自然か山水に石を按配(あんばい)するほどな美しい間隔を置いて無造作に並べられるのである。ぎらぎらした太陽がその上をまわる。

頃合いに乾いた時、つけられた立筋をめがけて、木を割るように鉈で真二つにぽんぽん割られて一枚ずつに出来上るのである。

大径と小径を重ねて行けば、溝と土手との美しい屋根が成るのである。(第七図)

朝鮮の榻(腰掛)と丸い水滴を作る話を聞いたことがある。始め壺を作ってだんだん口を細め、とうとう口をふさいで上から押えつける。中の風は、四方八面にあたり散らして土を突き上げふくらます。護謨毬のように、中の空気は一生懸命気張っているのである。だからうっかり乾かし過ぎて、土がこのうえ縮むものなら、中は張り裂けるように怒って、せっかくの形ながらぱっくりぶち割ってしまうのである。で、この乱暴の前に小孔をあけてといきをつかせておいてやるという話だ。

同じい形を型にとって作ったにしても、どうしてもこの張り切った豊かな丸味は出来っこない。

内からふくれ上るもののみが丸さを決定するのである。働く前に飯を食うように。

茶人の間にやかましい茶碗に切り高台というのがある。ある人は当時の朝鮮の雑器であるから荷作りの縄のひっかかりに作ったと想像した。ある人は風情だとさえ思考した。が、浅川の観て来た話は、この謎を解くのに十二分である。高台を削って乾かすうちにふちが切れることがある。外科医が腫れ物を切開するようにそこだけ切り取られたのであ

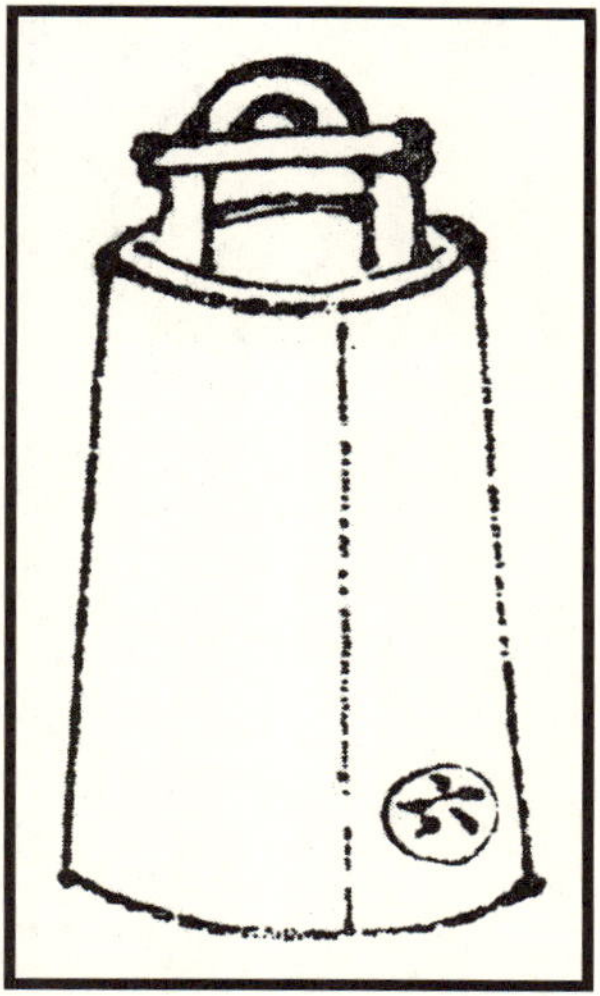
六

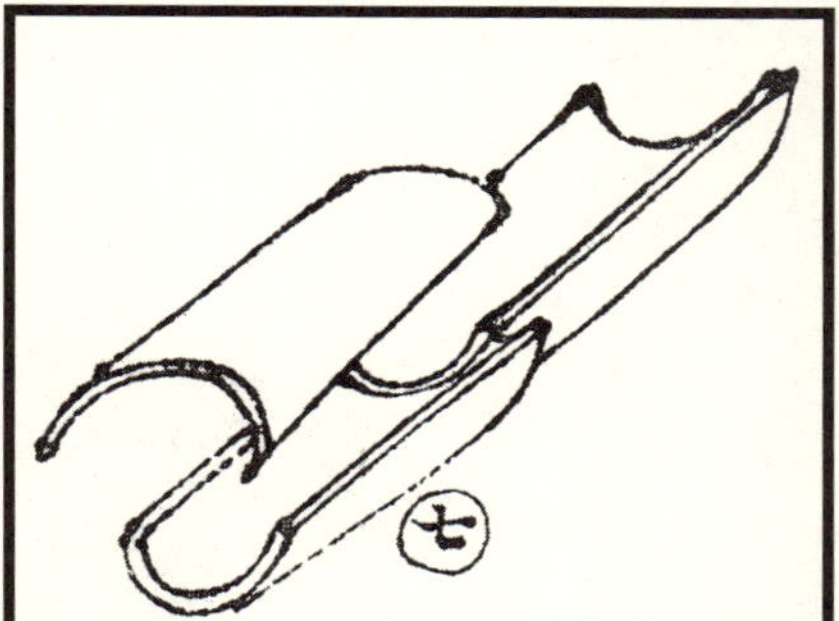
七

ると。約束や風情のために切り取られたり曲げられたりした日本の抹茶碗が、死んでいるはずである。

二

丹波の相野（あいの）駅から丘を一つ越すと、立杭（たちぐい）の村がある。うねうねと山の傾斜に沿うて、ここかしこに這い登る長い窯（かま）がそこにある。

専業の家もあるけれども、たいていは半農半陶。穀場に続く土壁の小屋の中の掘り下げた土間の穴の中に、轆轤（ろくろ）が据えられているだけなのである。野路の森蔭などでひょっこり出会うささやかな鍛冶屋を思い出すほどな仕事場である。彼は鉄をこれは土をたよりに共に細々とこの世のなりわいを営むのである。土壁をくり抜いた小窓から、たった一つの贅沢な野山へ降りたてのまっさらな光線が物の姿を、ここでもまた美しくゆり起してくれている。

壁に沿うて轆轤穴に横たえた板に腰掛けて、右には土を、左には榾火（ほたび）の煙の中に鉄鍋の泥湯が温まっている。

水簸（すいひ）もしない掘りたての粘り気のない砂土なので、右手で一握りむしり取った土を、権兵衛が種蒔く踊りのように左手で薄くかきむしっては、表に出て来た石屑を取っては捨て捨て取っては捨てる。土はこうして次々に左手に精撰されつつ移されて行く。水簸をしなかった時代がここに生き残っているのである。間の延びた時間がここには心持好い遊楽でもしているように、爪先は鶏がまかれた餌を啄む如く平和に働くのである。

立杭の徳利といえば、かつては酒屋の小桶を圧倒して京阪神はおろか山陰山陽地方の酒屋という酒屋から配られて、家々の台所を賑わした。走り元や茶棚に徳利があるということは、酒好きには寒がりに火ほどな輝かしい頼みなのである。料理場にどっかり置かれた菰樽はとてものこと、青竹の輪の光った銘酒も及びもつかぬそれぞれの家の赤い喜の字の徳利なのであった。

栗色の地膚に白い泥書きの屋号や、番号のしるされたものや、同じ地膚に黒釉が注連縄のように流し掛けされた物などを随所に見たものである。

この村では物の芽がようやくきざそうとする春先の庭で、家内寄り集まって釉掛けをしていた。赤土に土灰を合わせたほんの心ばかりの薄い釉をかけた徳利に、注文の文字が書かれるのである。

一握りほどな竹筒に使いさしの筆の軸を切りさした道具（第八図）に、白い泥を入れ、歯ブラシの上に押し出される練歯磨ほどな加減で流し書かれるのである。泥は紐の如くのびつ結びつ、条々として文字が成るのである。同じ徳利や塩壺に注連縄のように流し掛けされたものがある。それには白掛けの地膚に

黒を流したもの、栗色の地膚に白を流したもの、栗色に黒を流し掛けたものがある。いずれもこの竹筒の書家の仕事なのである。が何でも描けるというわけではない。四君子は愚かなこと、松竹梅の松位より描けないのであるが、なかなか海屋の松よりはなつかしい書家なのである。見らるる通り、貧しい竹身籐衣。それも怪我をしたので布裂を巻きつけられたほどな籐衣なのである。

生来の一本調子、紐のような線よりかけず、どの道淋しい仕事より出来ないのである。が、塩壺には注連飾りをしておいてくれた。それだけでは正月には物足りないので、蓋には熨斗昆布のようなつまみを置き、松が枝の模様を添え、あるいは福の字にゲンを祝い寿と景気づけておいてくれた。

信楽の長野では大きな仕事場の隅に壁を背に腰掛け、前の轆轤の下に綱をかけて廻させながら大きな火鉢が作られる。（第九図）夫が土をのばせば女房は綱を引くのである。兄と妹。お爺さんとお婆さん。

同じ長野の窯場で、火鉢の釉の流し掛けを観たことがある。かつては陶器屋の店頭に山ほど積まれてあった満俺の茶、銅の青、鉄の黒などの縦や横縞の火鉢があったものである。

樽の上に坐布団を敷き、藁灰合せの地釉をかけた大火鉢をこの上に横に寝かすカンテラに入れた釉を、口から尻へ横にあるいは縦にとろとろ流すのである。火鉢を二度廻せば全部に釉がかかる。左手は背中の子をあやす女の人の仕事なのである。淋しい子守唄は夕暮だけに出来上るとは限らない。

都会の場末の饂飩屋などで出会う金襴手の親子丼がある。日本のたいていな目出度い模様が一杯に、赤と金と青で尽されている。

美濃の駄知でこの絵つけを観たことがある。畳をめくった板間で、子を負うた女の人が描いていた。親子丼という名を思い出すのである。

片手は皿で両手を合わせると碗に成る。（第拾、拾一図）いずれもが始めの食器。人が電灯に自分らの眼を置き換えて夜を見守るように、碗や皿は五体からはなれた手に相違ない。

三

土器の裏には摑みどころはない、また入り用もない。が釉が出来てからはどこかつまめる持ちどころが入り用になったので捜しあてたのが高台だと思われる。ところが使う側からは輪高台、切り高台（拾二図）、竹の節（拾三図）、糸切り、兜巾（拾四図）、釘彫り、割り高台、渦巻、縮緬高台、貝尻（拾五図）、（私語）等やかましく詮議される。作る者は乾かして割れないように重ね焼くためには高さと大きさを考えて、土性に応じて削っただけで他意なかったのだけれど、観る側からは自分達の見つけ出した喜びの報酬を怠らず、それぞれに位階をつけて表彰している。と言うよりはむしろ自分らで勝手に陶器を作っているのである。井戸の茶碗に「七つの見所」を設定して厳めしい美大学を建てている。作る者からすれば随分と有難い事でもあれば、また尻こそばゆい事でもある。後世の茶碗はこの鉄則の重石の下で漬物の如くひねこびた。使う側だとて同様に哀れにもこの「約束」の戸棚の中でその眼（まなこ）は腐ってしまったのである。窯で歪んだり凹んで出たりしたものから景色や用途を見つけては、このたびはわざと曲げたり押えたり削ったりさせ出したりするのである。

御所丸（ごしょまる）という茶碗はくつ形とさえいわれる位、蹴られ履きへらされた下駄のような茶碗なのである。たぶん茶人からの朝鮮への注文品だろうと思われる。作る者は「茶」を心得ているはずがない。彼と是との差がこんな大変な物を作り上げたのである。が、どこかこの奇怪な姿の中に安心出来るものがある。それは正直、人に奸智を授けて悪い事をさせたように悪には成り切れないところがあるからではなかろうか。

伊賀の花生（はない）けや水指（みずさし）しなどにもこんなところがある。

瀬戸にある国宝の茶碗「伯庵」の胴体の横傷とそこについている緑の釉はこの手の茶碗に約束された、無くてはならない勲章なのであるが、それは土がいうことを聞かなくて割れがちで困ったあげく傷をなおすために銅の膏薬を塗られたのである——とこの茶碗は言っている。光悦の作に「障子」という茶碗があるそうだ。胴体の割れ目に釉がかかってすけて見えるという。それとこれとは別である。

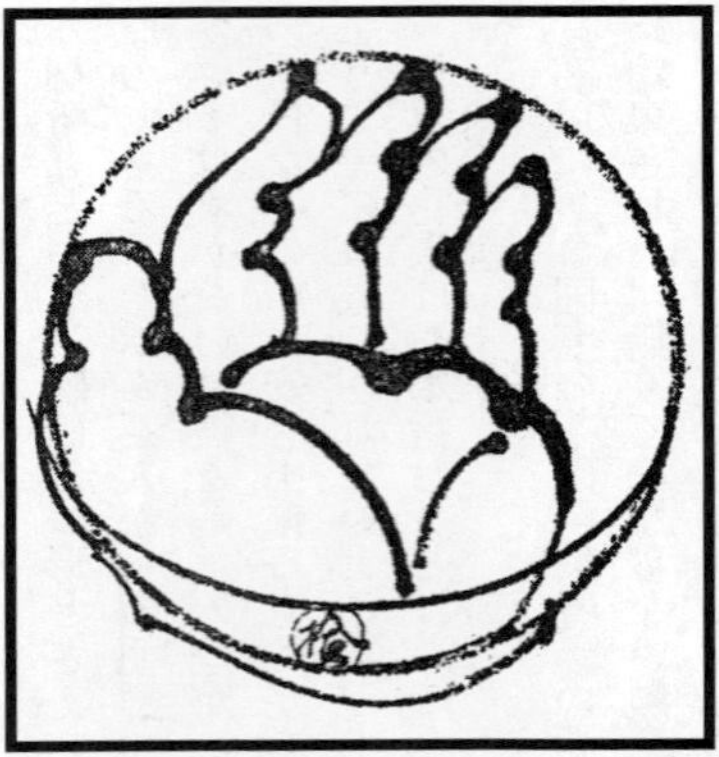

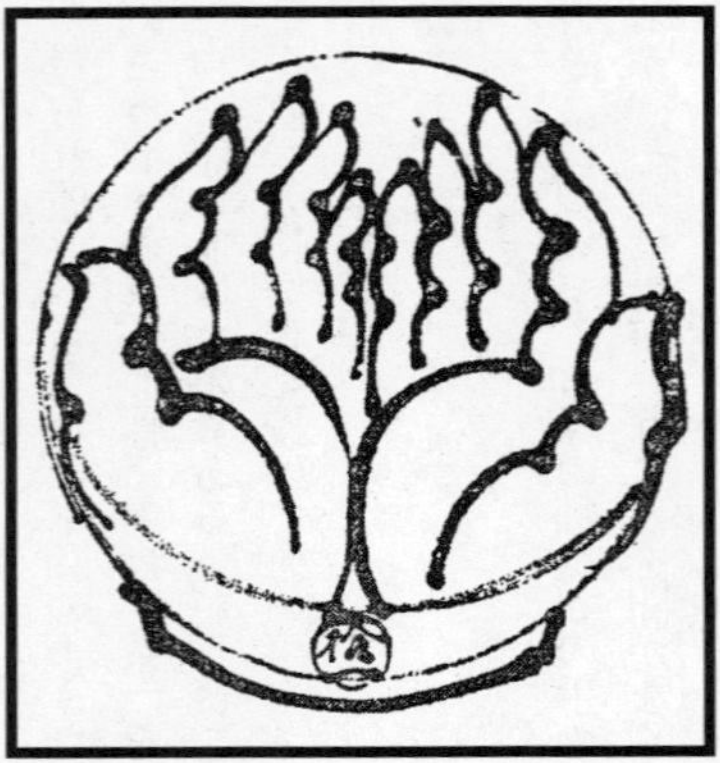

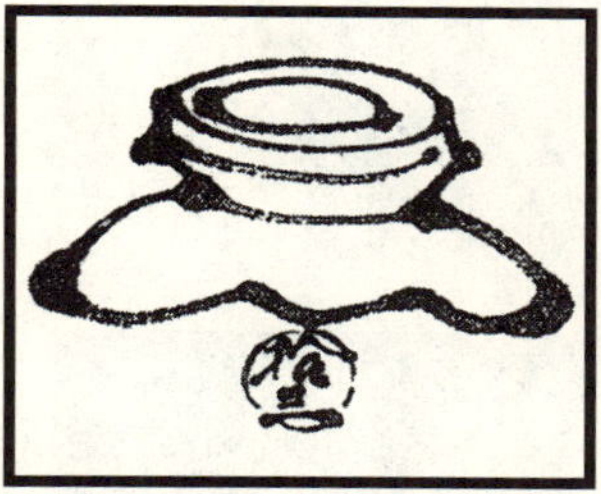

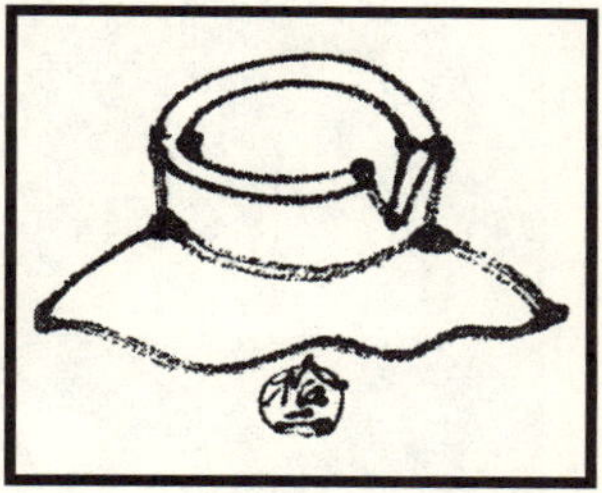

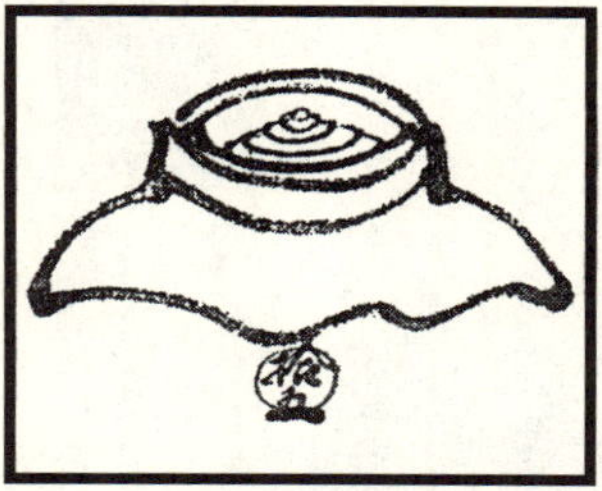

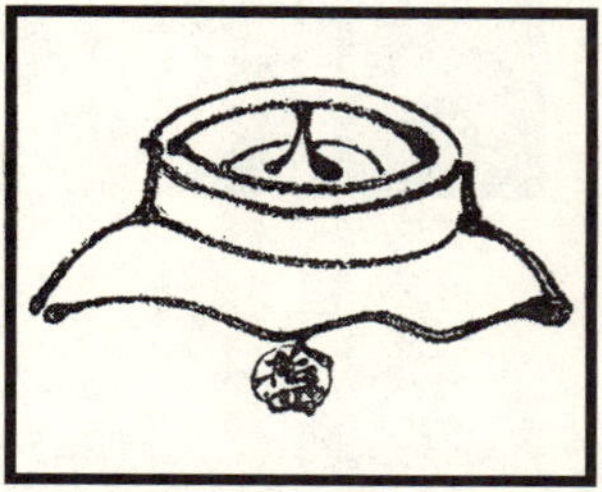

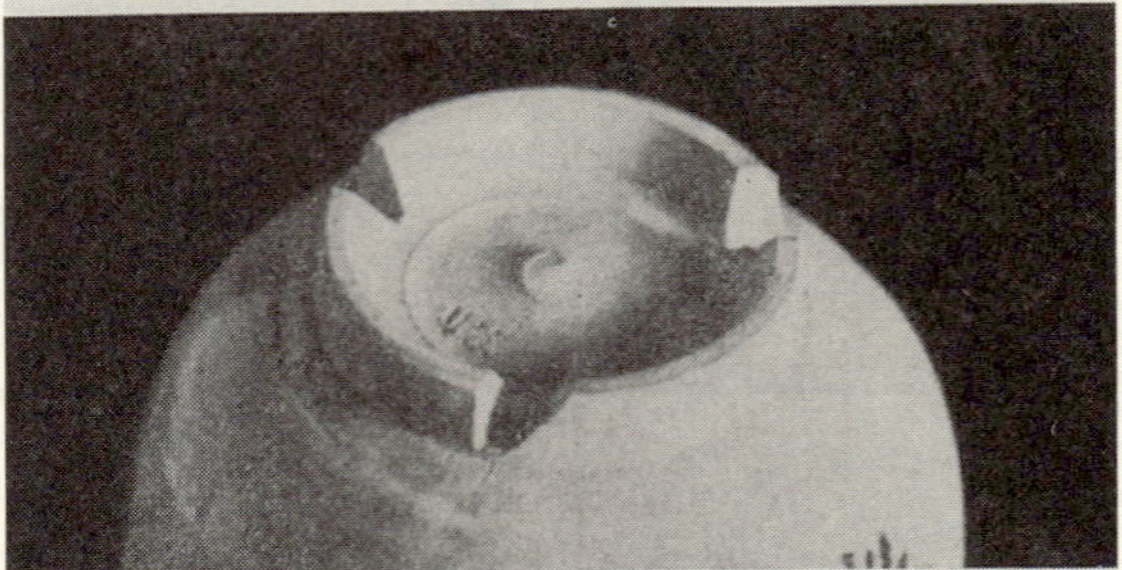

この間孤篷庵で、柳と一緒に「喜左衛門井戸」を見せて貰った。（写真参照）この茶碗は釉をかけてから高台が削られている。荒い土なので柔かい間にじゃぶじゃぶ釉の中にほりこまれ、ふちが少し乾いた時に木箆か何かで削られたのであろう。何の苦もなく素直である。がこの茶碗は子だくさんの家の子供のように顔もふいてやれない。着物が綻びても縫っても貰えない。全くの捨て育ちなのである。高台はその顔のように景色がある。胴には縫いついだつくろいがある。が、この子らは野の中の太陽の下にいる。立派な体格をして無邪気に草や虫と遊んでいる。山の奥の窯場の手荒な仕事がたくさん生んでくれたその中の一つだと、この茶碗に書いてある。

「紅葉呉器」という茶碗が入札に出た時は騒がれたようだ。大変な景色の茶碗だということだ。釉掛けの時に取り落したのを、あわてて掴み上げたような指跡があるという話だ。火の業で土の中の鉄気が紅葉のように照ったのである。その中に石が乱れ水が流れているのであろう。

天目茶碗の中に「油滴」と「曜変」がある。暗夜の空のように星が釉の中をかけまわる。海の陶工である貝が石灰分をとって真珠を作るように、火はひそかにかかる事を見せるものだとこれらの茶碗は語る。

銀閣寺の宝物「珠光青磁」の茶碗は遠山袈裟のように呼びつぎされている。始めて得た人々の夢のような愛着が残る。時は流れる。

美濃の土岐津駅の近くに浄林寺という村がある。汽車の上から今石炭窯の煙突がたくさん見える。十七、八年前には登り窯だけしかなかった。

五月の緑蔭で、若い女の人が機織でも織るように手軽な木作りのローラアをまわして、飯茶碗に使う銅版の種紙を作っていた。コバルトに泥をまぜた呉須を、刷毛で塗っては日本紙に小紋を押すのである。片方では釉を一杯入れた盥を前にして、母親であろう中年の女の人が茶碗の釉掛けをしていた。

六尺の桟板に一杯積まれた小紋の飯茶碗の素焼きを左側に置いて、茣蓙の上に行儀好く坐って、糸でもつむぐように両手を動かしている。

左の手が茶碗をとったと思う次には、さっと盥の釉の中にほりこまれる。茶碗はかいつむりが水をくぐるように姿を没したと思う次の瞬間には、ぬっと浮び出る。すばやく待ちかまえた右手は、ふちをつまみ上げるなり盥の向うのふちに置かれた簀で高台をすって釉をはぎ、右側の桟板の上に積まれる——左の手はすでに次の茶碗を取って投げ込まんとしているのである。

左と右の手が二人のようにキャッチボールに耽るのである。今あるかどうか。

美濃の駄知で南洋行きの珈琲皿の釉掛けを観たことがある。仏画の構図のように、左右に十七、八の娘さんを立たせ、釉桶を前にして十五、六の美少年が真ん中に腰掛けている。

用意は宜しい。左の色づいた迦葉（かしょう）の差出す皿を、若い阿弥陀さんは左手で受けてはずみをつけて縦に皿を廻し投げる。皿の半分は釉の中に、半分は姿を出して衣紋流しの独楽（こま）のようにきりきり浮いて廻る廻る。水鳥がしばし水の面に浮き泳ぐのである。がそれもつかの間、すばやく右手は皿をつまみ上げて右側に待っている阿難（あなん）に手渡すのである。次から次へ皿は艶っぽい問答をのせて三人の間を波打ち渡るのである。

四

六月は物の産み月である。地は喘ぐ。木の下に立ちて耳を澄ますとかすかにそのうめきを聞く。牛が物を食うように木も草も音を立てて延び茂る。

椎、樫、楡、欅などの大建築は新しい緑の窓掛けをかけて団々として大気の中に盛れ上る。

丘の草山には日傘をさして白百合が散歩する。躑躅の一団が毛氈を敷いて弁当を食べる。

野道に沿う垣根には白荊棘の香水店の隣に山梔の久留米絣の店も続く。雛罌粟のモスリン友禅の窓飾りに次いで、輝く麦の黄八丈。苗代田の蚊帳も拡げられる。

日が入ると月見草の電灯がつく。蛍がネオン灯をともす。森の講堂では梟が放送する。

在所の窯場はこの月は野仕事に忙しくほとんど休む。仕事場に続く山には松蟬が鳴く。物うい人けのない油のような空気の中に素焼き物の匂いが這う。石垣には葛がまつわる。空地には草がはびこる。植木鉢、水甕、土瓶、行平の類は小屋の棚に積み重ねられたまま軽い呼吸して眠むり続ける。

北九州地方で作られた徳利や鉢に指描き、櫛描き、絞り描きのものがある。土地での呼び名はわからない。これからそう呼びたい。

およそ赤土と白土とさえあれば、焼物の種は無数に恵まれるといって好い。象嵌。釘彫り。刷毛目。白掛け。型つけ。流し描きなどいずれも赤土と白土を組み合わせた文の一部に過ぎない。

まず赤土で形が作られる。鉢も徳利も高台が摑める位の固さまで、乾かされる。干場にはこれらが行列してお化粧を待つ。廂の下か緑の木蔭に手轆轤を据える。桶の中に葛湯ほどにといた白土の中に高台を摑んで浸し上げると、赤土の地膚は練り絹のベエールを冠って濡れて輝く。しばらくうませるうち、白土は次第に土膚にしたい寄り引き寄せられ、ねっとりと眠むりつくのである。頃はよろしい。手轆轤に乗せて一指を下すと共に片手は轆轤をまわしつつ、つかずはなれずゆるゆると一廻り元の手許に帰すのである。

指跡は撒水車の通った跡のように、真っ白い街道に滑らかに潤う縞を残すのである。人さし指でするならば池のまわりの一本道。紅さし指と二人連ならドライブの轍の跡。ゆれて滑って行くのである。（拾六図）

櫛描きならば指の代りに藁茎、竹の屑、毀れ櫛、そこらに有り合う草の茎など手頃に重

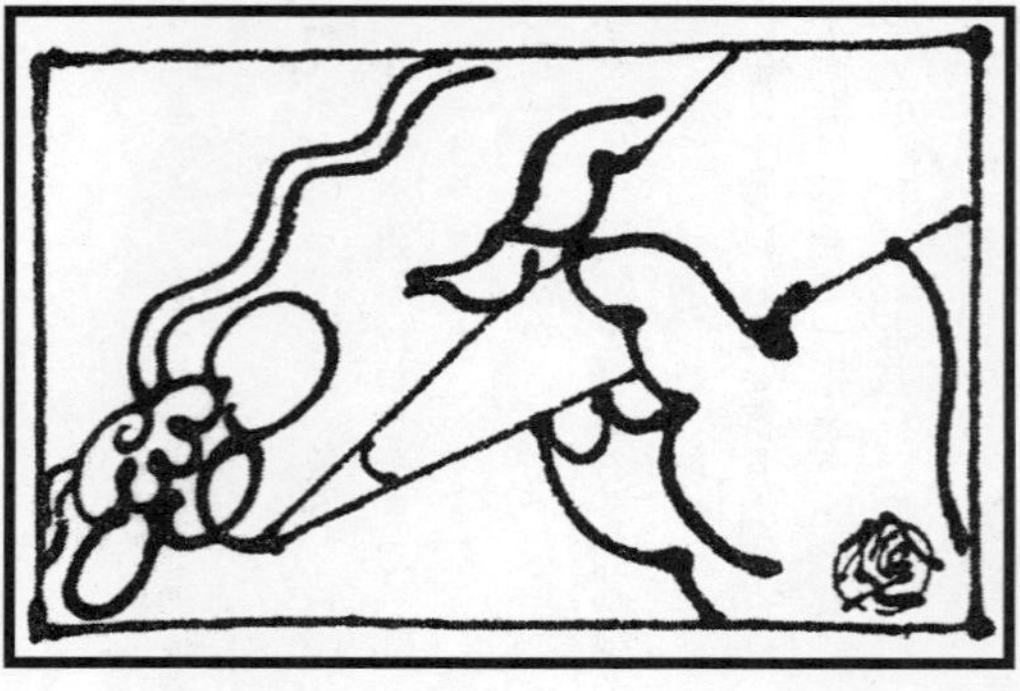

ねて櫛けずる。

刷毛目ならば牡丹刷毛ならぬ古布、藁屑のこと。在所の娘さんのお祭り顔なのである。

肥前の太谷、川古谷、見上の尾あたりで作られたといわれる大鉢や徳利などにもこの種を見る。

土灰釉の膚に茶と緑の微笑をしている。

櫛浦や上野（あがの）産といわれる徳利に絞り描きがある。染物屋でも使われる合羽紙を円錐形に巻いて、先に口金をつけた道具が使われたであろう。糊ほどにといた白土を入れ、絞り出しつつ赤土の膚に描きつける。

しで紐のようなこの線で一茎の草花、波立の筋、結んだ熨斗（のし）などが黒や茶釉の上でしゃべっている。（拾七図）

釘彫りもまた指描きと同じく頃合いの時、金切れか竹の先で線をほり模様の部を残して白土が削り落される。

象嵌には手彫りと押印がある。素地の柔かい時彫り下げた箇所。印凹の部に白土を押し込むのである。しばらく乾かして削る。朝靄の晴れ渡るように模様は、一削りごとに眼をさまし起き上る。

用うる印の面は碁石のように丸味を持つ。平面ならば鉢や壺と合わない。

五

東京地方の謎々に「池に反橋団子ちんこ何に」というのがあったそうな。子供らは小さい頭をかしげて考えたであろう。反橋は亀戸で団子は言問で池は上野でさておしっこは——お爺さんやお婆さんの前でたいていはこの最初の試験に落第させられたことだろう。これだけの材料で子供の頭の中に「土瓶」を作らせようというのが問者の楽しみなのである。古い鼎の足は獣の足をかりたのか、それともそれに似通ったのか、とにかく生きて立ちて歩き出す。物の形には何か因縁があるものと見える。

明石の大蔵谷で明治四十年頃、土瓶が盛んに作られていた頃丁稚であった久保福太郎氏の話。

何分その頃は子供やったんでいたずらすると撥ね釣瓶の石の代りにくくられたりしましたんや。家の子供が「がったんこん」の遊戯をすると思い出しまんね。割木で頭こづかれる位あたりまえだんな。何しろ行儀にかけては無茶だしたで。

そうだすな、位からいえば親方の次が裏師で、裏師の次が轆轤師絵かきさん、それから仕上げ師という順だした。裏師裏師と京ではくそかすだすが、明石の裏師と来たら、匣鉢はひけるし棚板は打てるし窯築は出来るし、窯焚きも釉掛けも荷造りも出来ますよってな。このうち一つかけても七厘や。

　職場でそうだすよって、祭りによばれる時かて、こなえ順で坐りましたんや。そうだすな轆轤師で、一日土瓶の胴が百五十位はひけましたやろか。削りは一日で倍の三百というところだしたやろ。仕上げ師というのはたいがい轆轤師の嫁はんだした。素焼きの土型で、将棋の駒形の土瓶の耳を起したり口をつけたりだす。土瓶の茶こしの穴は、蝙蝠傘(こうもりがさ)の骨の先をとがらして竹の柄をつけたのだした。

　何しろ口でも耳でも乾き加減を見計ってつけんならんよって、そこは夫婦の間柄とでもいうもんだすやろか。ようしたもんだす。手轆轤の上に胴をのせて穴あけ、それから口を削ってどべにひたしてつける、それから耳をつけるのんだす。子を連れて来る嫁はんもありましたんや。女一人前の事したうえの仕事だすよって一日六十位も出来ましたやろか。

　職場では嫁はんはめったに婿はんに口きかんよって、めょうとて、けったいなもんやと思てましたんやがこの頃わかって来ましたんや。

　轆轤師で一日五十銭だしたな。嫁はんが十六、七銭位。二人で日に七十銭足らずで、それでも晩には沖のもんで真っ赤になれましたんや。裏師は五十二銭だした。金高は二銭の開きやけんど、二銭だけ上だと思われてはしゃくや。その証拠には、絵かきさんは下やけんど数もんやさかえ日に六十銭にもなりましたんや。

土瓶には絞り描きと黒絵がおした。模様は「波に千鳥」「網代に帆懸船」「蛇籠に蘆」「松葉」「草花」「紋絵」といったもの。形は算盤粒や丸形がおした。大きさは「大がく（二合入）」「中がく（五合）」「小あいら（一升）」「あいら（一升五合）」「小ひら（二升）」と貿易に出た「こま土瓶」という手のひらに入るような小さいのもおした。

釉掛けの前には土瓶の口に蠟引きしましたんや。この蠟引きが馴れぬうちは、つるつる鼻たらしよるで弱りましたんや。げんこつか割木どすさかえな。口の釉をはぐよりか蠟で抜くのが手間どくやさかえな。

黒絵に使う土瓶の白掛けは、一日に「大がく」で千位もしましたやろ。白掛けでも釉掛けでも土瓶の底ってお尻のように摑みどころがないよって、そこは曲尺を口べりにあてて底を押えてつけ上げるのだす。（拾八図）曲尺やさかえ、ちょっとぐらつくもんならひっくりかえってどぶんとだぶつだす。土瓶の底って何んで摑みどころがないもんやろかとぼやいたもんや。殺生や。綱渡りや。でも馴れると恐ろしもんだんな。土瓶の腹の中に手を入れて手毬のように空にほり上げる。土瓶はもんどり打ってぽんと手のひらに帰りまん。右手は曲尺持ってるもんやさかえな、左手一本でこれで土瓶を取る術だす。

何のことはない豆狸の芸みたいに、次にはあぶない綱渡りが平気で出来るようなりまんね。

ところが一つめんどい事には、注ぎ口の穴をふさいでおかないことには腹の中は釉を吸

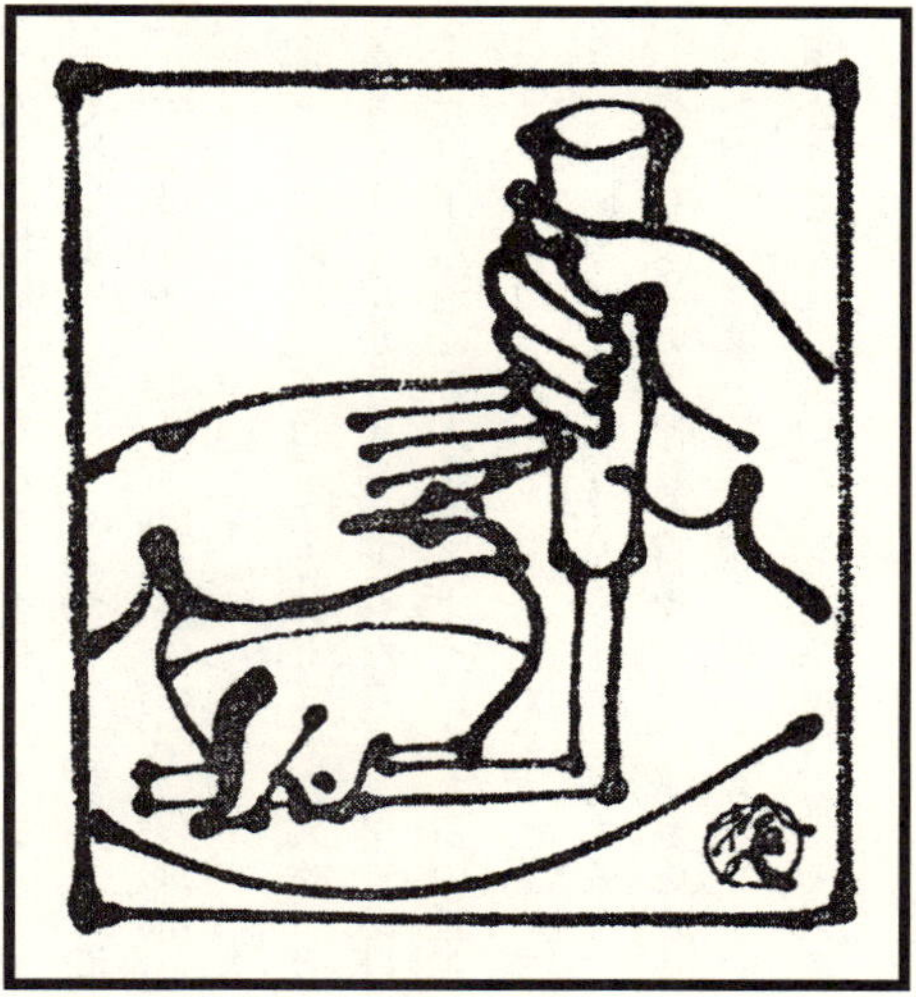

い込んで茶こしの穴がふさがったり、小さくなったりするよって、注ぎ口へは前もって生大根の丸切れを食わせますのんや。素焼きしない生掛け(なまが)の時なんか生大根に限りまん。素焼き物には桐の口を使えましたんや。窯のすぐ横は浜で、浜はすぐ海だす。窯焚いては潮につかりましたんや。なんのことはない塩してはあぶり、塩してはあぶりだんな。お前もったいない、肴やったらなあ言われまんね。

ひるから素焼きを言いつかったところ友達と晩に芝居見に行くことにしましたんや。ところが大けな素焼き窯であたり前焚いたら夜遅くまでかかりまん。どむならん、早くあげたろ思うてやけに木をくべましたんや。ぽーんぽーん遠くの大砲聞くように心わるい音しまんね。けったいくそがわるい窯の中のしろものがはぜまんのや。くそたれめがと思いますのんやけど、どうにもしょうおへんさかえ、度胸きめて晩方早く焚き上げましたんや。

あくる日早う起きて窯出すと、大砲聞いた数よりよけいに割れてけつかる。それをがら捨場に穴ほってそっとうめときましたんや。この時だけは、跳ね釣瓶の重石(おもし)にもされんで済みましたんやが。何分十二、三の頃のことだすさかえ間違いがあったら勘弁しとくれやす。

六

奈良行の電車で山田川に下車して少し行くと静かな聚落に入る。寺田から富の荘。深山木へかけて散らばる南山城の村々は湖の中の島のようにこの平野を美しくしている。青田の中に浮くこれらの島には、たいていその中ほどに小山のようなお寺を持っている。村人の心がここに集って盛り上ったとでもいうように、ぐるりの家の裾野から次第に高まり聳え立つ。

入江や岬の森蔭に白壁の庫が光る。貨物や乗合自動車が発動船のように島々を結び合う。家という家は、皆百姓以外にはいないといっている。一様に藁の帽子を冠り、付け足しの納屋の両手を拡げ土壁の着物を着て畑の中に立っている。お互いの家の緩衝地帯には、茄子や胡瓜を生らせ柿や枇杷や柘榴を植えて、交歓の平和を表示する。

道に沿う空地や、穀場の片隅には、葵や向日葵や百日紅を咲かせて人々へ朗らかな挨拶をさせる。

小川に沿うて続く築地に穴をあけて、洗い場が作られている。鍋や桶が重石を置かれて、水底に清らかに眠っている。洗い場を通して見える台所には、砲台のように磨かれた七つ竈が構えている。膳棚や走り元の道具が静かに休息している。

長屋門の脇の牛小屋では、牛は田植え以来の過労を養生している。ごっくりと胃袋から物を取り出しては、静かに味わい澄ますのである。胃の台所で、程好く料理された草の葉の団子を舌の皿にのせてうっとり眼を細くしているのである。

牛は昔盗み食いをしたのであわてて呑み込まなければならなかったので、泥棒が掠めた金銀を隠れ家でゆっくり出して見るようにも一度食べ直すのだと言う人もあるが、それは可哀相過ぎる話である。烈しく働かなければならないのでゆっくり食べていられない。たいていは歩きながら食べなければならないので、静かにこうして一人になってから、も一度とっくり仕合せを受けるのである。

堆肥の濃い匂いの中で南瓜の花に番をさせて村は、今昼寝の最中なのである。

田圃を突切ると木津の町に出る。

町をはなれて、奈良街道は市坂の丘の聚落に入るのである。その村はずれに、土器(かわらけ)や焙(ほう)烙(ろく)を作る一軒の農家がある。

後の谷へ僅かに支えて建ったこの小さい家の街道に沿うた一間には、僅かな手づくねの土器や焙烙が一杯埃を冠って並んでいる。

仔細に見ると、棚の上には焼き餅に模様を捺す素焼きの型が重なって嘆いている。胡麻(ごま)炒(い)りが寝転んで退屈している。この二、三十にも足らぬ素焼き物をたよりに細々とこの家は煙を上げているのである。

入口の狭い土間にごみごみ置かれた農具や道具の中を、眼を懐中電灯のようにして捜してやっと一台の轆轤を見つけ出す。土に心棒を立ててその上に轆轤が乗っているだけなのである。

ごたごたの中から、眼はもっといろいろなものを捜し分けねばならない。焙烙のくたびれた土型が二、三十枚重なり合っているのが出て来た。唐草を彫った老衰した胡麻炒りの土型が現れた。

「御免なさい。御免なさい。」

裏の入口から草鞋(わらじ)ばきの男の人がのっそり出て見えた。焙烙や胡麻炒りのようによごれた中から顔が覗いているのである。

田圃の事で仕事は今休みなのである。

奈良の春日神社の土器や高坏(たかつき)は昔からこの家で作られるのだそうな。その土器や高坏というのは手揉みの指跡だらけなものなのである。同じ手から体から、同時に茄子や南瓜やこの土器が出るのである。土型の中に砂を振り土の「丸へご」を入れて布で押え廻すのである。

型からはみでた土は針金を張った竹の弓で切り捨て、日に干して型ごとひっくり返せば、角力取(すもうとり)のお尻のようにふっくらした焙烙が出来るのである。

道を隔てた丘の藪の中に素焼き窯がある。若竹に囲まれた三坪ほどな空地の片隅に、小牛ほどにうずくまっている窯のふちは、珍しく鞍のように前後が出張っている。野天晒しなので雨降りには菰を冠せるためかも知れぬ。

だまり込んで坐っている。中には「つく」を一本たて、その上に傘骨のように胡麻炒りを渡して火床が出来ている。これに山盛りに物をつめて雑木を焚くのである。（拾九図）下の街道に乗合が近づいて来たらしい。さようならさようなら、仕事よ達者であれ。

瀬戸から多治見へ越す峠路で、飯茶碗の釉掛けを観たことがある。盥の中に一杯釉を入れた中に玩具の竜吐水（水鉄砲）が仕懸けてある。池の中の噴水のように盥の真ん中に吹き出口が出ている。片方のふちに押棒が取付けてある。

茶碗の高台を摑んで、吹き出口にかむせ、内側に釉の噴水をぶっかけるのである。（弐拾図）石焼きは素焼きなしで生掛けがきくが一時にこの柔かい薄い茶碗の内外に釉をかけるならば水を吸い過ぎて毀れるから内側をかけて乾かし、それから外側をかけるのである。ところが外側に釉が垂れないように内釉をするには相当熟練がいる。

竹槍の穂先のように尖らした竹柄杓でさっとまわし、掛けが出来るまでには一骨折だ。赤ん坊のようにかたまっていないから生掛け物はいたわられるのである。

よちよち歩ける位な子供が金盥の中の竜吐水を押している。馬鈴薯のようなくるくるした裸ん坊の肉塊の中から、針金のように光った線が飛び出している。

誰かは何気なしに見ていたのである。偶然、実にそれは偶然である。誰かの頭の中にさっと影のようなものが通り過ぎたのである。

一瞬二瞬。影は形に変って間髪の間に出来上ったものがある。

頭の中はわくわくする。早くやってみたいのである。

出来るか。駄目か。出来るか。駄目か。体も心もまっすぐに職場へ飛ぶ。もどかしいので毀れた茶碗をでも掴むのである。最初の一つは空である。出来たとて信じられないのである。二つ三つ四つ。やはりこれで好かったのである。しめたしめたとここで始めて唸るのである。

やがて隠れて釉掛けが始まる。暗い土間の片隅で、この発明は親方の頭にイルミネイションのように明るくともるのである。しかしそれも長くはない。人から人へ秘密な導体を伝って、近所の仕事場の殊更に暗い片隅にこの光明はともされるのである。が一村に行き渡った頃には、もうこの光りは野天に出て真上には太陽が光っているのである。

景徳鎮陶録の釉掛けの篇に吹釉法の事が出ている大物（生掛けにもであるが）は竹筒の

先に紗を張って、これを釉に漬けては吹きかける。釉の厚薄によって三、四遍から十七、八遍も繰返すと書いてある。

火吹竹以上に出ないこの竹筒の先の布にふくまれた釉は、兎の 嚔(くしゃみ) ほどな唾(つばき)しか飛び出さない。大壺一つの釉掛けは容易な事ではない。

この本の挿絵の中に気をつけて見ると、自分ほどもある耳つきの大きな壺を前にして、竹椅子に腰かけた男が左手に釉のはいった碗を持ち、シャボン玉吹く子供のように構えている。

素読の後に薄ら残っていたこの事が、間もなくブリキ製の「霧吹き」を思い出させた。十五、六年この方、筆者には調法な道具の一つなのである。ところがこの景徳鎮陶録以前に、ピストルのような精巧の形をし圧搾空気のタンクを持った「エログラフ」は嫌と思うほど見ていて、これからは何の縁も貰わなかったのは不思議なものである。

この「霧吹き」に釉を入れてぶうぶう続けざまに吹いていると誰でも頭の中がジーンといい出す。ヒョッと立つとくらくらと目眩(めまい)がする。壺はふくれた腹を出して待っている。粉のように飛び出す釉粒を待っている。鮫皮のようになって釉はいくらでも厚くつく。玉子を二つ位吸うてもくらくらはなおらない。
二、三年前に知った人が太鼓形の「足踏ふいご」を持って来てくれたので、以来くらくらはつかなくなった。

七

番茶碗の高台をつまんで釉の中に浸す。素焼きされたこの茶碗は夏の旅人のように裸体で渇いているので、いきなり全身をあげてこの釉の泥水を吸う。思う存分吸う。すすめれば酒好きはどろどろになるまで酔いしれても酒から離れないように、これもまたほっておけばずぶずぶになるまで吸うのである。

茶碗は水が欲しかったのだけれど、水と親しく交っていた釉の分子はどこまでも水と別れを惜しんで、この渇者に四方八方からとりすがる。次の瞬間には裸体であった茶碗は水を吸った報いにぴったりと膚についた釉の着物を貰って出て来るのである。

茶碗の内釉をすると同時に胴を浸しつけるのが普通であるが、内釉せず、いきなり胴を浸して、上げる時、釉の中でにわかに上下にだまし振るならば、釉はびっくりして飛び上る。茶碗の腹の中はがぶっと心持好い音を立てて満べんなく釉を呑み込み満足させられるのである。

宴席では盃洗で硝子コップがこうして洗われる。これは調法である。釉はつけて上げるなりひっくり返すとふちから涙を流すから、しばらくはさげていなければならない。この間に片手でも一つ掛ける。両手は休むひまなく交互に茶碗を摑んで競争するのである。始めのうちは釉の厚味は数できめる。一、二、三、四、五と心の中でつぶやく。そのうちに体がこの間拍子を覚え込む。それから唄ったり話したりするのである。

高台のない皿や鉢に白掛けしたり釉掛けすることはおっくうになる。両手でふちをつまんでじゃぶじゃぶと釉の中に手の半分はつけねばならぬ。凍った釉や白掛けの中へは相当の忍耐が要る。そのうえ一度一度手を洗わねばならない。その手はふかねばならない。そのうえ指あとに筆釉をせなければならない。釉や白掛けはむらになりがちである。削っておかなければならない。ところがしで紐ほどな針金はこの手数を一度に清算する。弓のようにまげた両端を、釘抜きで折り曲げて皿を裏返してふちにひっかける。高々指を折ってこの弓の中ほどをひっかける。母指と人指し指と紅さし指で皿の尻を鼎（かなえ）の足のように三方からせめる。皿はこの三本の指にささえられて花のように固定する。（弐拾一図）蓮の葉が夕立を受けるように皿や鉢は内釉をされひっくりかえされて、釉の池にざぶざぶとひたされるのである。

竹をはすかいに切って尖らした柄杓（ひしゃく）は調法である。内釉にはなくてはならない道具なのであるが、それだけの専門家だとは限らない。使いようによっては思わぬ働きをする。水

甕や番茶壺にヘアピンのような形をした黒の流し釉のものがある。釉の入ったこの杓の尖った先を壺の肩につけてさっと流せば、釉はどろっと蛸（たこ）の頭を描き、二股（また）に分かれて二本の足が生え下る。とがった先をあてて、くの字を続けるならば波打つ線。サッと流せば縦縞がなる。ぶっかければ蝙蝠（こうもり）が飛ぶ。皿の半分ずつを別な釉で掛け分けられる。

越前の武生（たけふ）在の平等（たいら）や、小曾原（おぞわら）の窯で出来るその地方の水甕は、立派な火鉢でもある。ふっくらとした胴体と豊かな折返しの口を持つ。黒釉の地膚に乳白の藁灰釉が縦縞に流しかけられている。これは火吹き竹に釉を入れてつるつる流すという話だ。炉ばたの榾火（ほたび）の煽動家は、びっくりしたに相違ない。

八

鉄や銅の絵具での模様つけは薬の上からされることが多い。呉須（ごす）は古くから下絵つけにきまっているように思われているが、これとても薬の上からの方がずっと落ちつくようだ。

火度が進んで薬が熔け出して来る。今まではただ集まり混じり合っていたに過ぎない幾億の分子は、嫌でもこの際、熔け合い結びつき合体しなければならない。大騒動なのである。

各々相や性を異にし、別々な力を持った者達が入り乱れ重り合い、ひしめき合っているのである。土や灰の中には礬土（ばんど）や珪酸というような強者（つわもの）がいる。いずれも単りでいる時は摂氏の二千度もの高い火に会わない限りは取り乱さない。それに混って水にでも溶け合うほど仇な加里（カリ）とか曹達（ソーダ）とか石灰とかがいる。そこへ酸素や炭素の嵐が吹く。

それも生やさしい素手の炭素や酸素ではない。体中を火にして来る。熱に燃えてうなって来る。加里、曹達、石灰の一群は驚き騒いで強い連中に取りすがる。溺れる者が助けの手を摑むように、どうにも仕方がない。礬土や珪酸がどんなに強くてもずんずん曳かれて硝子の海へ溶け込んでしまうのである。

薬の上に乗っかっていた絵具も、同じこの火の嵐に巻き込まれて渦を巻いて沈んでしもう。さめて出た時には蛹が蝶になったように一切の相を換えて模様は水の中の石のように薬の中に沈んでまたたく。

薬の上から描いた模様の一例に、美濃笠原産の鉄絵蘆の鉢がある。

茎が鉢一杯に延びて、上のふちの近くで穂の頭をかしげる。節々からは交互に長い葉の手を延ばしてこの円相の中に立つ。で芋畑のぐるりには秋が来ると、玉蜀黍や黍が畔に並んで立番をする。いずれもが長い刀を振っている。百舌鳥が呼び子を吹く。これらの番人は一斉に騒ぎ立てるのを誰も知っている。

沼の浅洲や川岸に蘆がたむろする。腕を組み顔を寄せて話し合う。観られよ。笠原の職人達はこれらの禾本科の心と結んでいるではないか。節の付け根から二、三度くの字の波打ってその葉は長く延びる。それは運筆のあやだけではない。葉骨の両側に波形にひだを取るのをちゃんと会得していたのである。

こんな模様を通じて、今また野原の蘆や芒は生れ代って招く呼ぶ。

鬼板（瀬戸産の褐鉄礦）、黒浜（砂鉄）、紅柄（赤土を低い火度で焼きかえしたもの）などの鉄絵具は普通の筆にはなずまない。総じて泥絵具は皆そうだ。含まれはするが線は長く延びない。長芒痩身ならばはち切れるほど吸う。そして太くも細くも長くも、筆路は自在である。

ダミ筆一本をほごせば、三本や五本は作れる。益子(ましこ)では毛並の長い犬を捕えて、頸の毛を切ってこの筆を作っている。一つまみで一本。それで放されるならばわけはないが、一度に何本分かは切られる。飼い主はまたかと筆の数をうらむのである。

九

真鍮粉が赤い絵具になる事は誰も知っている事だ。李朝の辰砂（しんしゃ）絵の事を想うとよく朝鮮の真鍮具との関係を空想する。銅はげ（酸化銅）より真鍮粉が赤くなるという経験は、亜鉛の性格の一端を決定する。

銅が亜鉛と一緒にいるという事は、酒好きが酒と一緒にいるように、酔っては赤くなりがちなのである。

赤くなるのは銅なれど、加勢するのは亜鉛なのである。

絵具や色薬に使われる金属に亜鉛がまざるという事は、花見の酒なので皆を酔わせ朗らかにし、景気づける。

朝鮮では銅はげ（酸化銅）よりも真鍮粉が使われたかも知れない。

真鍮は銅と亜鉛の合比で多種である。

荒い真鍮粉はそのままでは使い難い。一度素焼きをする、素焼きをすると亜鉛の幾分は昇華して逃げる。焼き返したものは摺らねばならぬ。

これらの不便を清算すれば残る答は明瞭である。

酸化銅七〇　酸化亜鉛三〇（重量）

これでよろしい。酒は出来た。しかし肴がないではないか。ある、ある。この上に藁灰一〇を加えることはこのわたである。うるかである。

これらの香味は銅を酔わすに充分である。

酸化銅（CuO）といえば銅（Cu）と酸素（O）の結婚体なのであるが。薬の場合、火や灰の中の炭素（C）は銅の愛人酸素を火事場から誘惑してつれて逃げる。そして炭酸瓦斯という掠奪結婚の腕を組み合わせて一組は一夫一婦のCO。一組は二重結婚してCO_2となって遠く大空に旅立ってしまう。

残された銅は一人ぼっちの赤金（Cu）の孤独に還って薬のこの踊り場で狂うのである。誰も彼もここではどろどろに酔っている。もうもうとしていろいろなものがかもされる。銅はここで得体の知れぬ雑婚をして赤く固定するのだと、初歩の化学は説明している。

壊れた匣鉢は縄で締めて使われる。窯出しの時には縄はそのままの姿で焼けて出て来る。

石綿のように白く光った繊維の中に、薄紫のつつましい匂いさえ持って出て来る。いったいこれは何なのか。藁屑とさえいわるるものが白熱の高火に消えもしないで生れ変って輝き残るとは、なんと不思議な事ではないか。

稲の根は田泥の中からこれほどな水晶質を撰り分けて吸い上げたのである。

人は今、土の中からアルミニウムを引き出して、その花を咲かせている。その電気分解の大工場にも優る組織をこの根はもっているのである。

昔の人も藁は水晶や燧石(ひうちいし)と同じだという事を知っていた。明川(めいせん)や会寧(かいねい)の人達は、古くから禾本科植物の灰を使っているのだとその陶器達は物語る。

我らに伝わる萩薬。白萩、糠白などと呼ばれる。

土灰一　藁灰一　長石一（重量）

の薬はこれにほかならない。

いずれも同じ薬でありながら、明川での烏賊(いか)のような白薬は、会寧では海鼠(なまこ)になってしまう。それは赤土にかけられたこの灰薬は土の中の鉄気を呼び出して交り合い、海鼠のように酔うからである。

およそ薬で地膚の鉄気と和合したものは朗らかで暖かくて奥深い。

古い青瓷(せいじ)は泉から湧く水のように、地膚からにじみ出た色だと物語っているではないか。

赤土より出ない窯場では、どこでも白い慾を出す。この思いは白掛けの方法を生んで僅かに慰められたのである。

しかし、これは白素地に話すよりずっとたくさん話が出来た。

鉄絵で話す。釘彫りで話す。象嵌(ぞうがん)で話す。刷毛目(はけめ)で話す。話は尽きない。

一生打込んでも後悔せずに済む。話しても話し切れたものではない。

石焼きの白い体にはせいぜい染つけの入墨をするか、色絵や色薬の着物の心配につきている。

それにしても文浣の染つけは、くらわんかと一緒にふっくらと豊かに会ってくれるこの種族の最後の麗人なのであろう。

新しい別な心で話し合わねば、この白い膚は冷たく死んでしもう。

鉄絵の壺に虎がいる。

我らは、昔から虎を恐れるより、これと戦って来たのだと朝鮮の人達は述懐している。観られよ。生捕って眺めているといったところがあるではないか。自分らよりも弱くて、呑気で、愛嬌者にしているからいつでも怖くはない。

また雑草の模様がある。植木屋のように傍にある草を抜いては勝手に壺や鉢に植えつける。植えられた草には風が吹く。

辰砂絵に蓮や葡萄の模様がある。切花屋のように茎や蔓は勝手にチョンチョン切られる。しかしいつも、その出生はためられず立派に水上げされている。

模様は愛言葉にほかならない。始めは、花束を持って恋人の器物を尋ねるのである。曲折をつくすが結局は相手と結婚しなければこの模様の謎は解けない。観られよ。翌日からはしゃべらなくとも好い。ウンウンと言っても事足るではないか。

十

会津の粗物

「会津の粗物」に初めて出会う人はたいていは挨拶の前にくすぐられるにちがいない。その名のようにこの陶器は太っちょで粗直で朗らかで愛嬌で。それで呑気な薬の頬冠りをして大きな高台であぐらをかいているのである。

およそ誰であろうと、どんなにこの前で振舞っても気兼ねはしなくても好い。それでいて、そらされたりはずされたりする心配はない。何か引張るものがある。それにひかれて、その愛嬌袋の中へ無尽蔵な言葉を投げ込まされるのである。

暖かい黄味の砂気の多い体に糠白薬の膚着をつけ、青や飴薬の縞のどてらをひっかけたり、黒や飴の地薬の平常着に糠白や青のやたら縞の袖無しを着て猫背をしながら大きな尻を据えて、この片口や丼鉢や蒸甕や水甕はそれぞれ炉端や土間の持ち場についてよごれながら働いているのである。

会津物といえば石焼きに限られるように思われる、その痩せて生白く慄えている堅い磁器の中に、この粗物は霜の朝の焚火のように赤々と燃えているのである。

若松から二里ばかり奥地へ入る鉄道の支線の一駅本郷は、会津盆地を取巻く山の裾の一つの宿場なのである。

十一月末の初冬の日はすでに山の頂まで降りて来た雪をはばんでこの盆地へ今年の最後の光と熱を餞(はなむ)ける。

一本筋の町通りの家々は、遠来人への歓待の言葉を惜しまない。子供を懐に抱き込んだように母屋が庫をかかえた家。漆喰の土蔵作りの二階の小窓で若い娘さんのお針する家。塗り込めの鍛冶屋さん。欅の門の醤油屋さん。心のこもったもてなしなのである。

買物に出て来た山の人々は男は藁のしょいごを負い、女はもっぺをはいて負い荷の背当ての蓆(むしろ)織を着る。そのきれいな藁と布との混ぜ織りの後について町に入るのである。

町の片側は石焼きの仕事場が多い。横道へ入れば桐や榛(はり)や欅の疎林の中に、立派な白壁や赤土の土蔵がぽつぽつ建っている景色に会うのである。この土蔵の中が仕事場なのである。しかし外構えに似ず中はどこの石焼きとも同じく仕事は寒く痛い。

町通りの荒物屋で尋ねる粗物に会うてほっとする。それから暖まり元気づきしゃべり出すのである。

町はずれの山の下にその仕事場がある。干場にはその豚の子のような水びきの素地が行列して冬の日の暖熱を食べている。

どれもこれも丸々と肥え太ってあどけない。

一抱えもあるような大きな片口が並んで、かあい舌を出して日光をねぶっている。一人始むれば皆これに習うのである。その子その孫、皆板に乗って遊んでいるではないか。

仕事場といっても藪蔭の小作農ほどな大きさではあるが、ここには南から来る新しい日光が一日中家のまわりを祝福している。

その入口の壁ぎわの穴の中に轆轤（ろくろ）が据えられ、人は土間の板切れの上にあぐらを組むのである。

手泥や水は削り屑の山の中にはめ込まれて、どこからが穴でどこからが土間というけじめもない。お百姓が籾（もみ）の中にうまって唐臼をひいているほどな工場なのである。

この中からぽこぽこ木魚のような音が聞え出して来た。何なのかと傾く望みの次の瞬間、轆轤の働きはこの音の元を立ちどころに合点させた。

轆轤には廻し棒の穴の代りに、手の入るほどな大きな穴が四つばかりあけられている。

これは意外なのである。この意外な穴に手を突込んでぐっと引きはなせば、きりきり勢いよく轆轤は廻り出すのである。

いかにもいかにも、手轆轤は廻し棒でなくても廻せるのである。一遍廻せば土はぐるぐる延び上る。と感心するひまもなく、次には廻転を止めんとする掌が轆轤の面を押える拍子に次々に来る穴にぶっつかって、ぽこぽこと高いしかし柔かい音色を出すのである。

ぽこぽこシロウホンはなる。思いがけないこの拍子は静かにまた心の中の板を叩くのである。

多忙である。

この思わぬ拾い物を愛し切れぬに次には、も一つの献立が待っていた。他の轆轤では摺鉢の削りが始まったのである。

しった（土の台）も据えずにいきなり轆轤に鉢が伏せられる。さてそれから持ち出されたものが異形なのである。

それは鉈ほどもある大きな木でこさえた削り箆なのである。松の板の中ほどを、一握り位持てるように切り取って、両端に庖丁ほどな袖を残した道具なのである。（弐拾二図）

この大きな木箆は頑丈な両手で持たれて縦に横に使いこなされるのである。

砂気の多い粘り強い土は巻紙のようにぐるぐる巻いて飛んで逃げる。

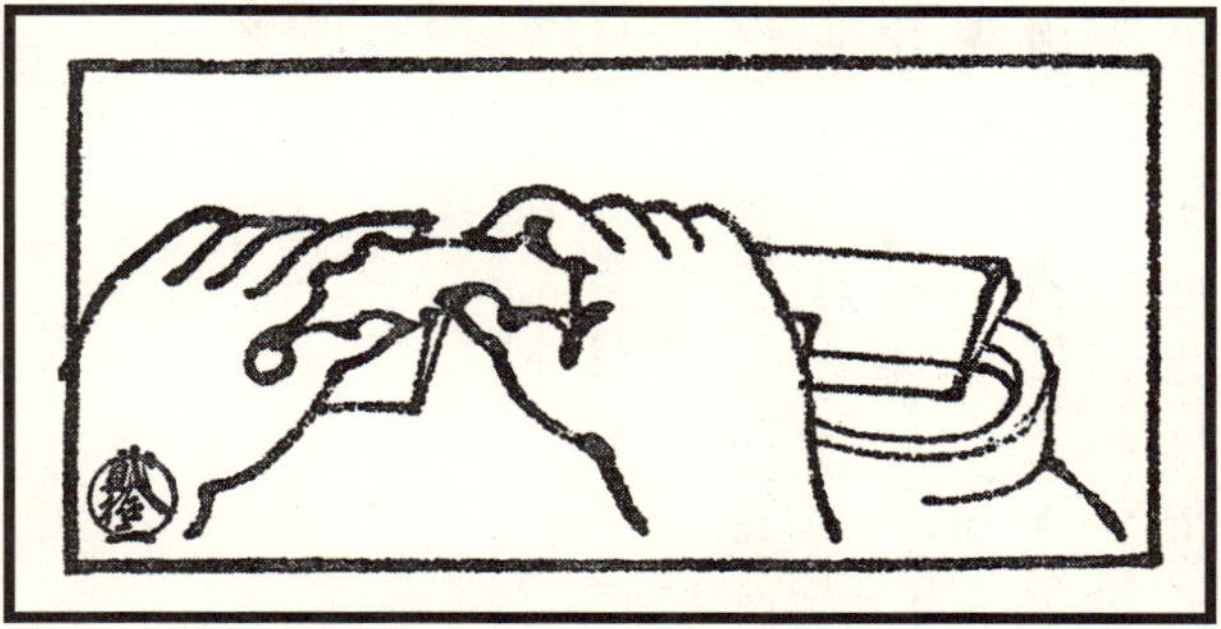

高台が出来る。胴がふくれる。
意外なるこの合理は、さらにご馳走を盛り足すのである。粗物にはこんなものが籠められていたのである。
もとは十二軒もあったのがだんだん減って、とうとうこの宗像豊喜さんという粗物屋が一軒残ったということだ。窯は石焼きの登り窯の末の間を一、二部屋借りて焼くという話だ。仕事よ達者なれ元気で続け。

石だらけの山の斜面に並ぶこの窯を枯草の中に尋ね尋ねそう思った。訪う人々は、恐らくは心の中にこの粗物の静画の後に見晴らすこの盆地の山水をもまた、こくめいに描き添えておくにちがいないと。

十一

神山の土瓶

胴と蓋。蓋にはつまみ。それに耳と口。土瓶位、作り手間のかかる多面なものもそうたくさんにはない。

それでこれ位使い向きからせめつけられるものも稀である。それだけに作り甲斐もあり、使い欲も出、見ごたえもするというわけである。

信楽の草絵土瓶は、一時は近畿中国筋一帯に広く行き渡ったものである。台所の茶棚にはもとよりのこと、役場や学校の小使室に居所を得ていた。

人民控え所のほこりっぽい卓の上にいた、教員室では先生の刳り物の寒い弁当入れと向い合っていた。在所の寄合いや講会にはたいてい出て来た。

捩り梅や、なずな模様の石焼きの茶碗と組み合わされて、なまぬるい番茶を人々は呑んだ。

それから二、三十年もたつ。花時の茶店や芝居の人いきれの中で久しく会わなかったこの土瓶の老衰した姿にときどき会った。

今では、荒物屋の天井か床下などに、一つ二つのこの売れ残りに出会う位のことである。

この土瓶の血を引いた後裔は薬の着物も着れないで、焼締(やきじ)めの裸体になって汽車の中で働いたが追いつかなかった。

鉄瓶は薬罐に、薬罐は土瓶に、土瓶は琺瑯(ほうろう)に、琺瑯はアルミニウムに亡ぼされた。材料と工程の動きは速である。

汽車土瓶が硝子瓶にまかされたので仇討(かたきうち)に出た。その姿は仇である硝子瓶の恰好をしている。

信楽陶器の中心長野から、伊賀の上野への街道を、一里余りで神山(こうやま)の村へ入る。

畑を打つ同じ手で土瓶の轆轤(ろくろ)をひき絵を描き窯(かま)を焚(た)く部落であった。

土踏みは畑の畝をうなう事であった。

堆肥を摑む手は土をもむ手であった。

土瓶はその粟であり芋であった。

近江から伊賀へ続く山波の皺の中で、木虫の巣のようにほどよい間隔と配列の韻をおいてこの人達の住居はならぶ。

納屋は職場で小屋は窯場なのである。

どこの仕事場も綺麗に片づけられていた。棚には一物もなく桟板は積み重ねられ、轆轤や鏝(こて)は泥をふき去られてきょとんとしているではないか。

汽車土瓶がやめになって一村仕事を失った時なのである。

廻る轆轤が廻らないでじっとしていることは、腰掛に人がいないようなものである。幾日も火を入れない窯は、望みを失った人のようにじめじめおそう水気でしょげていた。でも注文さえ来たら、立ちどころに仕事を始める用意がこの小屋にはあった。

しかしここの人らは、汽車へねじ込むなどいうことは出来なかった。仕事の立場はすでに原料と工程のうえでも失っていた。

復活の材料は手間代だけになっていたのである。

この最後の出しものと、土瓶という性質の二つを捧げて鉄道へ歎願中だったのである。が鉄道はそんな物は取り上げそうになかった。尿のような色味の番茶を入れた硝子瓶を載せて、全国を走り廻っていた。

働き盛りの頑丈な人達が、炉端で胡坐(あぐら)を組んで煙草吸うていた。

長野の窯屋のように茶壺から火鉢へ、湯たんぽから硫酸瓶へ転向する分別はこの人らには持ち合わさないのである。

馴れた仕事の心持や体は、容易にねじれないのである。厚紙ほどな土瓶がひけるようになるまでには、容易な事ではなかったのである。

新嫁が口や耳をつけるには、姑に仕えるほどな修業が入ったのである。鍬ダコの出来た手で柔かい土をこなすようになったのである。

錆土で薬の上に描けば焦茶色に出ること。その上を緑青で一筆、二筆なでておけば萌黄に焼けて模様が引き立つこと。杉灰を使えば、薬は火に弱まって薪は少なくて済むこと。尻漏れの心得。胴体のすわり。火持。沸き加減。一通りの事が整うまでには容易ではなかったのである。

口にキイを作り、落し蓋にしたのは形の好みからばかりではなかったのである。蓋をしたまま積み重ねて焼けるためでもあった。三つも五つも重ねたこの土瓶の塔を窯詰めするのである。鶏が玉子を孕んでいるように、この土瓶は一つずつ茶碗をその中にだかされた。（弐拾三図）
耳は長いより（土紐）を幾本も作って葱をきざむように庖丁で切られる。駄菓子を拵えるようにこれを曲げ、どべをつけ、母指で押えつけられる。
荒い土は曲げると耳の山がさけるので、塩や砂糖をもみまぜてあやす事もあるが、ここの土はそんなご馳走はやっていられない。泣く子をゆすぶって寝かすように手心するのである。

掃溜めや川底でこわれたこの土瓶を見つけた人は、底から口まで手の皮のような厚味で延びているこの轆轤に感心するだろう。

水引きの胴体の乾き加減を見計って、胴の半分まで削られて肩と尻との結界がついてこの形を引き締める。弓のように曲ったかんなで底を押えつけながら池を掘ると、内側は饅頭のようにふくれ上るのである。

割れを防ぐ底削りで出来上ったこの上げ底は火持に好く、沸くのも早い理にかなうのである。

汽車土瓶は一人で一日六百位の胴をひき上げたという。蓋はおよそその三倍近くの千五、六百ひけたという話だ。落し蓋でも丸蓋でも独楽（こま）のようにきりきり舞って飛ぶように出来上った。（弐拾四図）

夕方には広い干場が、何千かのこの丸い形の行列で詰まってしまう。

入日はこの一日の仕事を労（ねぎら）って、酒でも振舞ったように赤く色どった。

蓋には捩り梅の線を走らす。その中へ三点五点、緑青絵具の点を打つ。花びらに匂いづ

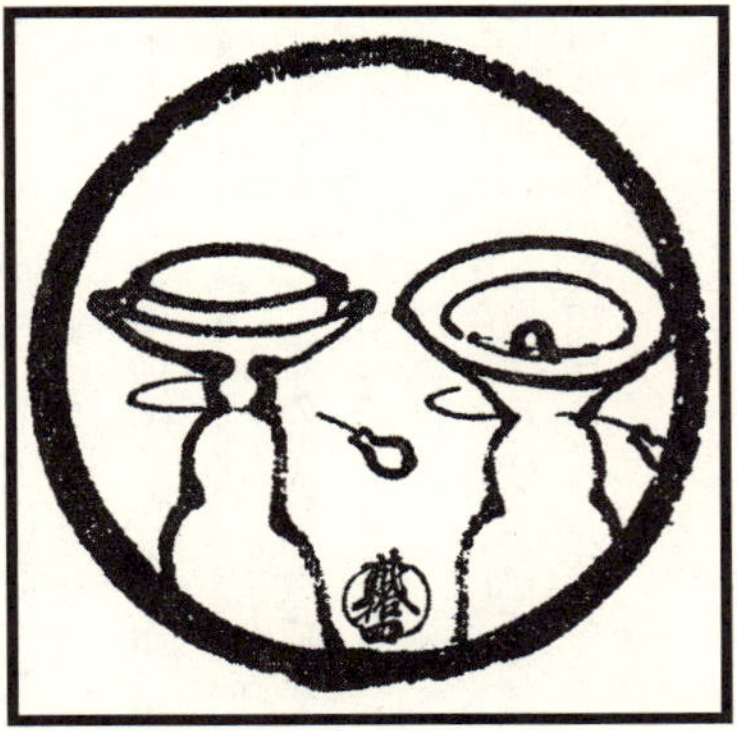

ける。

胴には轆轤で筋を入れて襟を整え帯を締める。その胸の辺に五、六本の平行線をなする。これに釘のような立線を打てば松なのである。一、二本の斜線を引く。山が成る。谷が出来る。その隙間へ二つ三つ楔(くさび)を打つ。帆掛け舟なのである。峠から見晴す港が出来上る。

筆と墨を与えられた二、三十年前の子供だった人達は、この描法と画境を知っている。がこれは、これから観る一つの観方に過ぎない。

日に五、六百も描き上げなければならないこの筆者達には、畑の草花や旅で見た山水などを持ち出す暇はない。草も木も水も山もとけてくだけて、この中におさまり返るのである。

注ぎ口と耳には一、二筆茶絵具がつけてある。これはいずれもあぶない箇所なので、ここは「注意」と自他へ危険信号をしておいたのであろうかも知れぬが、どうか。

十二

赤土と白土の組合せ

鉄気を含んだ粘土はどこにでもある。地表を掩う腐植土の布団の下に、日の目も知らずに眠むっている。

道路や鉄道の切割りや地ならし工事の跡に、始めて日光を見る新鮮な地貌を人々は知る。

切割りの上は一面の麦畑である。あるいは竹藪である。あるいは大根畑であったりする。

この丘の断面図の前に立とう。

この上皮の鼠色の土層の中に、大根は全き裸体である。じっとこんなに風呂につかってさえいれば、太って行くものだとさえ思える。

麦根は貧しいが、八方に手を出してものをさがす。竹の根はがんじがらみに土を縛りつけ、ずばずば筍の釘を打ち、長い槍を突き出す。

この間を土鼠は南京虫で、芋虫は白痴である。

この賑わしい百貨店のような生活層の下に、固くコンクリイトされた土がしばしば堅固な砂利を交えたりして上の喧噪を拒絶する。

上から下へ――白黄赤と大柄な縞の波を打たせて、我らに付属する不犯の層が横たわる。

（前項で序話を一まず打ち切り以下順序をたてて詳述するつもり）

十三

赤土と白土の組合せ

この切割りの縞柄の中には、たいてい一筋か二筋のきめの細かいねばっこい土層が見つかるものだ。無数な形がこの中に眠むる。黄色や赤味の土はたいていは鉄褐色に焼け締まる。薄い鼠色をしていても、焼けば案外白土であったり赤土であったりする。いずれにしてもよろしい。土に応じた焼物は出来る。

入江の汀(みぎわ)から煙を立てている瓦屋がある。丘の麓に赤煉瓦を焼く工場がある。いずれもその近くにこんな土があることのしるしなのである。

砂気を含む輝くような肌の黄色い土。

ねばっこい褐色の見るからに腰の強い土。

こんな土に出会うと独りでに誘われるものだ。干場に並んだ瓦や煉瓦にこんな膚を見つけるとうずうずするものだ。

掘った土は水をかけて足で踏む。泥田の中を素足で歩くように小きざみに踏む。踏んだ土で畝を作る。その一方から鍬で薄く削りながら小石を除く。それを踏み重ねて一山作る。用意は出来た。

何にでもしてくれとこの土の小山は控えている。

かつての瓦屋の土踏みは、この一山の土の中に踏み混ぜられた幾枚かの一厘銭が鍬の先で間違いなく削り出されなければ一人前にはなれなかったという話だ。これが小鳥の仕事ならば、今の土煉機(どれんき)からの土は動物の糞なのである。

掘って来た荒土は、干してはたいて篩(ふる)ったり水簸(すいひ)したりされる。いずれにしても土の身になってみればこれは受けるべき至当な事なのであるが、いきなり掘られたままで粉砕機(トロンメル)にぶち込まれて骨も肉も摺(す)り混(ま)ぜられて、あるかなしかの粉にされるのは心外の事なのである。骨抜きの土はめそめそ泣くので仕掛けて行けない。

程好い細かさと粘りと色と。こんな土を掘りあてたり撰ぶ事が出来たなら陶器の半分は成就したと言って好かろう。

さて土は得た。何とこれに挨拶しよう。

笑われてもかまわない、一番初心でぶっつかろうではないか。

まず形である。曲りなりでもその日から形は出来る。曲りなりでは困るのであるが。がっしり形がとれたならよしとせなければならぬ。厚くて重くてぎこちなくて閉口ではあるが。薄くて軽くてきゃしゃなものより丈夫なだけでも好いのだから恐れないでやることにしよう。

形は得た。さてどうしよう。

無地で焼こうか。薬は何にしよう。模様を彫るか。描くか。削るか。押すか。――むらがりせきこむのは無理ではないが、じっと押えて一応しまっておこうではないか。

飴薬を作ろう。黒や柿薬を得たい。青や赤はどうしたら出来るか――こんな望みは一度放下しよう――と言えばむずかしそうではあるが、実は捨てれば拾える代物があるから心配はいらない。

ではどうしたら好いか。答は簡単である。在る物を按配さえすれば好い。次のやさしい算術はこれを証拠立てるに充分である。

十四

赤土と白土の組合せ

「土と灰とで薬が出来る」この一言が陶器から忘れられて久しい。どんな石でも土でも薬にならないものはない。どんな草の灰でも木の灰でも薬にならないものはない。

化学の暗闇の中で勇ましく戦った前人の、これが遺言なのである。黄瀬戸も、天目も、青瓷も、白瓷も、一切の薬はことごとくこの結果にほかならないと、それぞれの陶器は証言する。

雨過天青などと言われると寄りつけないが、赤土に灰をまぜて出来た青瓷だと読めばむずかしくなくなる。

見られよ、かさかさの土で築かれた窯の壁はいつの間にかずるずるになってしまうではないか。灰だ、灰だ、灰がかかって薬になったではないか。

縄でからんだ割れ匣鉢の縄が、薬になって出る。灰がかかってなったではないか。灰は何なのか。土は石は何なのか。

結晶の制服を着たり、特長のある容貌をしている石や土はともかく、性情の知れぬものならば、一度焼いてみればたいていは打ちあけるものだ。その性を見定めて究明するのである。

　白い石がある。いろいろある。窯へ入れてみると餅のようにとけて出るのがある。これは長石だったのである。焼いてもざらざら元のままなのがある。珪石らしい。ちょっとすべすべはするがとけないのがある。石灰石のようだ。少し焼き締まって輝くのがある。磁土かも知れぬ。ぴりっともしないのがある。蠟石らしい。黒いねばっこい土で締りはするが、恐しく火に強いのがある。木節であろう。鼠色で砂気を持ちながら、なかなかねばる土がある。引き締まるだけでこれも火に強い。誰がつけたかこんな土を蛙目という。

　地方によって呼び名は異なるが、ざっとこれらが日本の焼物を形作る土の中の有名な選手達なのである。

　これらの委しい戸籍謄本が入るならば分析室へ請求すれば好い。高熱化学の炉の中ではしっかり性能を調べられ厳重な公式にはめ込まれて、国際競技のように薬の花が競われる。人造絹が合成されるように。だがそれは工業へおまかせしよう。我らは桑で蚕を飼う事で好い。この不備な抄本で充分である。

草木の灰はたいていは、石灰と加里（カリ）と曹達（ソーダ）とが主なものだといわれるが、竹や藁や蘆のような禾本（かほん）科植物の灰は珪酸分が主なので勝手がちがう。籾灰は特別火に強いのはこの成分が多いためらしい。籾は大事な米を守るために、より堅固な武装をしていたのである。地方の窯では珪石の代りにしばしば籾殻が使われる。薄糊をまぜたこの中へ甕や鉢の尻をつけては重ね積んだりする。

しかし普通、灰といえば土灰を指す。竈の下や火鉢にたまる、雑木の灰などである。がこの頃は火鉢に石綿や石灰が使われるので、灰屋から買う土灰は油断がならない。日向地方の炭窯の副産物である柞灰（いすばい）は、各地で使われる。地方によっては杉の葉や枝を焚（た）いた杉灰、芋の葉や蔓を焼いた芋灰も使われる。

いつの頃からかこれらの灰の代りに貝殻や石灰石が使われた。灰の質が究明されてからマグネシア、バリウム、亜鉛のような新選手が出て来た。一方、低火度では鉛丹、唐土、硼砂、曹達の類がいる。

そうこうするうちに小さいながら三部屋ほどな登（のぼ）り窯（がま）も出来た。せいぜい百束位の松木で八、九番の火度を焚き上げたいものだ。

あらましこれで用意は出来た。不完全きわまるがそれでよろしい。さあ思い切ってやってみよう。

第一表		
	土	灰
一	九〇	一〇
二	八〇	二〇
三	七〇	三〇
四	六〇	四〇
五	五〇	五〇
六	四〇	六〇
七	三〇	七〇
八	二〇	八〇
九	一〇	九〇

この表は他力（たりき）の護符（ごふ）なので、したがっていっさい目的の薬を願わないのである。与えられたものを有難しとし享（う）け生かして行きたいのである。この中からは昔の薬に似たのも出来る。

似ないのも出来る。とけないものまで出来る。似たからとて、卑下しなくていい。似ないからとて捨てるに及ばぬ。とけないからとて悲観しなくて好い。とけない薬さえ生かせるのだから。取捨を誤らないようにしよう。で、この表にいろいろな土と灰をはめ込んで毎窯入れてみることにしよう。

出雲の来待石（きまちいし）や栃木の蘆沼石（あしぬまいし）のような建築石材の屑は、それ自身で柿薬になる。京都の加茂川石もそうだ。鎌倉名越（なごし）辺の野川の岸にたくさん露出している栗色の柔かい石がある。これもそれ自体で柿薬になる。チョコレイトのようにねっとりとした密度と、ふっくらと厚味のあるこの薬はありがたい。さて、この中の蘆沼石と土灰とを組み合わせてみよう。独りでは柿薬になるのが、表の一番の調合では果然漆黒の薬になる。

まず一点を獲得した。本塁打である。が、これは今に始まったことではない。古い水甕や漬物壺はすでにこの立派な記録を持っている。土灰の量が増して二番の組合せになると少し漆黒の沈重を失って薬はあせって流動し出す。だがそれだけに溌溂とした生彩に生きる。次第に土灰の量が殖えるにしたがって、薬は油切った飴色にはしゃぎ出す。三番から七番までいろいろな色程の飴薬に飛躍する。八、九とこれは次第に明るい黄薬に変って行く。それぞれの取組みは快技（ファインプレイ）の連続である。この一挙九点を獲得したのである。

蘆沼石も来待石も酒呑みなのである。素面では渋くだまり込んでいるが。一合で人がかわる。二合三合とくだをまく。とうとう一升近くで正気を失ってしまうのである。

灰は酒だったのである。

十五

赤土と白土の組合せ

さてこれで九種の鉄薬は恵まれた。目立ちはしないがいずれも雑草のように強くつましく美しい。じっとこの前に立って見つめよう。喜びは独りではなかろうよ。しかし薬はこれで固定したわけではない。素地と濃度と火程で変化は限りない。恵みは広大である。摂取不捨だ。

白い土や石をこの表にはめ込めば白薬が貰える。しかもいろいろな白薬が貰える。長石と土灰を組み合わせてみられよ。その中からは乳のような濃い白砂糖の膚のような色沢、水の如く清澄な面を授かるであろう。

志野といえば誰でもその重厚温良な膚ざわりを思い出す。志野でそれは済んではいない。同じものをねらう愚かさを捨てるならば、君はそれにも劣らない宝石をこの中から見つけ出すに違いない。

低火度では、唐土か鉛丹を灰の代りにこの表にはめ込めば好い。君はここでは百花の野に立ちて勇みたつ。

第一表による薬はしかし、しばしば子供のない家庭のように物理的な調和と化学的な情愛に欠けることがある。楔(くさび)の子が入り用なのである。第二表の如き守り札を受けよう。第一表の九種の薬をこの表にはめ込めば九十種に及ぶ。いろいろな結果がそこに陳列される。それぞれ百分率に換算してみるが好い。各々の薬は、それを組織する三つの土と灰の性格の相互関係について、くわしく教えられるであろう。しっかりと聞こう。朧(おぼろ)げながらもこの帰納は、未知の土石の闇への大事な懐中電灯なのだから。

第一表の薬のほかに、我らには家伝の薬、市販の薬がある。いずれも見直して生かすべきである。が市販のものはしばしば清潔冷透に過ぎて、酒の代りに酒精を呑むような嫌いがないでもない。

濁り酒でも好い。も一度こんな薬には灰を加えて混濁しなくては酔いはしない。が、これも度を過ごせば、味に酔いしれて前後不覚になりがちだ。留意すべきである。

さてこの第二表に藁灰をはめ込むならば、第一表の二つの生命はこの子供のために多角形な愛情でお互いをしめ結ぶ事がわかる。これは一つの飛躍であった。生白い市販の石灰薬もこの表で守護されるならば、立ちどころにその病弱は救われる。そこには日に焼けた膚がある。元気な血が流れる。こうして我らは種々な力強い藁灰薬をこの中から貰う。

　薬のこんな貧血性を治すために、他の石灰やアルカリ分の多い灰を加える時、ときどき元気にはなるが過敏になって流れ易くなる事がある。神経質ではあるが用いどころはある。が、こんな時には土か石を入れてやれば達者になる。第三第四と守り札を殖やして行くのである。

　さて我らはこれで鉱石からの色薬と白土からの白薬を、一通りは恵まれた。すでにそれ

第二表

	第一表薬	灰属
一	百	五
二	百	一〇
三	百	一五
四	百	二〇
五	百	二五
六	百	三〇
七	百	三五
八	百	四〇
九	百	四五
十	百	五〇

は過分でさえある。しかし、自然は惜しむところなくなおも我らに散華する。

それは岩石の間に鏤(ちりば)められたもろもろの金属である。鉄がある。銅がある。満俺(マンガン)がある。コバルトがある。クロームがある。ユラニウムがある。ルチールがある。我らにはあまり入用ではないが、金がある。銀がある。白色、白光、黄色、黄光。これらはそれぞれの持ち場について陶器を荘厳にする。

取分けこの中でも銅は才色すぐれた女性である。艶麗で健康で聡明である。恥らいては真紅に染め、憂いては深き緑に、守っては黄に、施しては紫に、時には茶色に歎き飴色に泣き濡れる。

鉄はさすがに男でこれも銅に劣らぬ多彩な性格ではあるが、地味で底力があって頼もしい。

コバルトの母である呉須(ごす)はなくてはならぬ大事な存在であるが、その子のコバルトとこれの友達のクロームは無智で頑固で激越で始末におえない不良児なので、そのままでは使われない。

満俺（マンガン）は神経質な悲観家で、いつも飴色の泣き言を言う。たくらむ人があってこの悲観家を薬の中に閉じ込めていじめたら岩にへばりついた銭苔のように絶望して結晶した。

ニッケルは低能であまり役に立たない。たくさん使うとぶつぶつ小言を言ってふくれ上る。

ユラニウムの黒色酸化物は本窯艶黒として知られている。その黄色い酸化物はよく黄薬に使われる。

金と銀とは高火度では白痴で通用しない。僅かに本窯正臙脂（しょうえんじ）の名で金は使われるが影が薄い。色絵の金銀の豪華に似ず。

その他にイリジウム、オシニウム、タングステン、タンタラム、モリブデン。新しい化学の子供が次々に生れ出るが我らにはなくても済む。

　これら金属を白薬に入れるなら色薬の着物。

　文様に置けば愛言葉。

　鉄ではいろいろなその鉄鉱（鬼板の類）。砂鉄（黒浜）、紅殻（べんがら）（酸化鉄）が使われる。

　銅では銅はげ（酸化銅）。緑青（炭酸銅）。

　満俺（マンガン）では黒い過酸化マンガン。

コバルトではその原鉱である呉須。

これらを白薬に入れる量は一から十の間で君は好む色度に出会う。

ここにまた我らは無数の色薬の衣装と文様の言葉を得た。

日夜の勉強で形も次第に整って来た。が安心出来ない。轆轤(ろくろ)が上手になると腑抜けになってだらしなくなる。堅くなっても構わない、力一杯打ち込もう。さあ大物に手掛けようではないか。出来るか出来ないかわからないが、飛び込むのだ。失敗は恐るるに足らぬが、思い通りに出来たとて頼んではならぬ。卑下と誇りは禁物だ。

水引きが乾いて来た。削り加減を逃すまい。さあ削ろう。乾いた植木が水を待っているように水引きの形は喘(あえ)いでいる。

土は常に生きているのだ。殺しては済まない。外科医の手術のように、下す鉋(かんな)は疎かであってはならぬ。削り過ぎても死ぬる。削り足らなくても助からぬ。遅疑すればそこねる、調子に乗ればなお間違う。力み返っていると笑われても構わない、力一杯やろうではないか。

器物の円満相は、必ずしも幾何学的な曲線が決定するとは限らない。水引きの形はもとより削りから来る下半分のふくらみは、むしろ直線の連続からの効果にほかならない。物理的な均分に眩まされないようにしよう。がしかしこんな荘厳な美学の密教を調べなくても好いはずだった。我らは一文不知で事足りる。足腰の折れるほど仕事をしようよ。

十六

十一月に入ると物が乾かないのでどこでも困る。水霜が降りて朝靄が立てこむようになると天気が一心配だ。

僅かな雲間の日の目も惜しんで、桟板をかつぎ出す。水引きの形はひもじいもののように、営養の足らぬ薄日をもねぶるようにしたうが、満腹するほど吸い込めない。

日が翳(かげ)ったと思うと、ざあっと時雨(しぐれ)が通る。轆轤(ろくろ)から飛び降りた泥手は、少しの物蔭にでもあわてて桟板をかつぎ込む。子供を乳房からはなすようで痛々しい。

落葉が降るようになると水引きは外に出せない。地方の窯場(かまば)では障子をしめて丸太をくすべ出す。

窯の火が近づくと乾くのを待ってもいられないので、火であぶり出す。心をこめていたわるのであるが、物はやけになってたいていは尻を割ってしまう。

土間の炉に、松皮やそげをくすべたりしてぐるりに茶碗や皿を並べながら次々に廻して行くが、片身は熱くて片身はまるで冷たい。こんな魚を焼くような仕方は嫌なのである。

胴体はどうにか乾いたので、いよいよ尻をあぶるようになるといじ悪く乾き上る少し前にさあっと一筋鋭い小刀で切られたように裂目が入る。それでおしまいなのである。これは癒らないのにきまっていながら削ったり叩いたりうめたり手を尽してみるが結局癒らない。

生乾きの物を素焼きしなければ間に合わないことがある。やりたくないことながら仕方がない。用心しながら蠟燭の火位からとぼとぼあぶり出すのであるが、火度が少し上った頃用心している胸元へ突然ぽーんと不気味な音を立てて窯の中のものが爆発する。しまったとあわてて火を引くが止まない。不穏な窯の中は今にも何事か起りそうなのである。

ぽーんとまた一つ響くと同時に、からからとそのかけらが傍の物にぶっつかる音がする。あれも駄目かこれも駄目かと焦心するが、結局割れるだけは割れてしまう。

乾燥室の持てない家内仕事では毎年こんな事を繰り返す。がその都度こんな事は性懲り（しょうこ）もなく、新しい張り合いのある出来事なのである。そうすればこうなると知りながらも今度こそはと満幅の望みをかけながら、あぶっては割り、あぶっては割る。失敗に対して不明ではあるが恐れてはいないのである。

今年はこんな事と取組む前に、好い事を教わった。大きな荒木の荷箱の中ほどに桟を打って指位な鉄棒を何本も渡し、下に匣鉢(さや)の火鉢を二つほどに豆炭を入れておく。鉄棒の上に生乾きのものを並べて箱の蓋をしておくのである。

これは成功であった。一遍に天気を取り返してしまった。ときどき蓋を取って見ると温麗な暖熱が花のように箱一杯に咲いている。物は皆、太陽とは別な加工されたうまそうな暖熱を食べて飽満し、汗を出し活気づく。やがてまた氷雨が降り雪が来るが、この箱は南の日のような安心を今年から保証しようとしている。

この箱を授かった藤平政一、児玉正二郎両氏に謝す。

十七

赤土と白土の組合せ

入れるだけならば形だけで好いものが、それでは済まされないので陶器の花は咲き続く。

色無地	白掛け	刷毛引き	刷毛打ち
櫛描き	指描き	筆描き	絞り描き
流し描き	打掛け	流し掛け	釘彫り
象　嵌	蠟抜き	墨流し	練り合せ
彫り起し	彫り込み	盛り上げ	張りつけ
描き模様	型模様		

この少なからぬ方法を裏返してみるならば、さらに夥(おびただ)しい種の潜む事に気づくであろう。

一つで起こせなかったなら他で起こす。生き上る方法には事欠かぬ。

塩辛入れに引かれた一本二本の線。水甕に叩きつけられた色薬——無地一色でだまってはいられないのである。何か一言言っておかねば、気が済まないのである。

窯から出たてのぴかぴかの無地物がある。こんな物には誰も言葉をかけてやらないが、しばらく使われて陰影を出すと、無地に越したものはないとさえ今度はほめそやされる。これは何も無地に向ってではない。しみや手摺れで出来た一杯の模様に対してである。

完成された物だけしか見えないことは恥かしい事だ。

だまっているためには、それ以上でありたいと願うようでは、無地は出来ない。

無地

丸浸しではちぢったり剝げたりしがちなので、塗ってみたら留まったので始まったのがこれだ——と思っておく事は不為にはならない。需要への心ばかりの粗末な白い贈り物であったのが、早く模様として目覚めてしまって今ではこれ以外の意味はない事になった——とはっきりしておくが好い。白い化粧土ならば

刷毛引き

蠟石五〇　長石五〇

を標準と見ておけば好い。蠟石には限らない。白い土なら間違いなかろう。信楽土でもこれの類土でも単味で立派な化粧が出来る。磁器素地をそのままとかして使うも好い。黒化粧には赤土で充分である。いずれもくっつく事が大事なのである。塩をまぜたり、ふのりを入れて好い事もある。

素焼きの上で好い場合。生で好い場合。生乾きで好い場合。

道具は刷毛とは限らない。布切れ藁屑など手頃のもの。

不透明な薬でなかったらどんな薬でもかけてみるが好い。心に叶う物がその中から来るであろう。

刷毛打ち

糊をつけるようにぺたぺた白土を叩いたものがある。九州の古い徳利や皿などに見かける。

白引きしているうちに、何かのきっかけで叩いてみたのが始めてであろう。

刷毛引きはここではっきり模様に転化し、意識づき、一つの現し方として独立する。

十八

赤土と白土の組合せ

この雑誌の第一年目から二年目へかけては筆者の見聞した古今の技術を記した。第三年目に入ってから製陶術一括をめざして記述を始め「赤土と白土の組合せ」一編を重ねて来た。以下はその続きである。

指描き

食物の模様は、使う人達の描くこの模様は、無地のこの陶器を見事に完成させてくれる。にもかかわらず作者達は模様を描く。

生乾きの素地を白土に浸してあげたときのみずみずしい地膚を見ていると、何かしらん触ってみたくなる。さわれば何かその奥に潜んでいるものに触れそうである。まだ見たことのない何物かに触れそうである。で、そんな物を取り出せるか取り出せないかと躊躇はするが、いつも手は心よりも勇敢である。

否、手はしばしば心の命ずることなしにさえ動く技術家なのである。

人は二本の手しか持たないが、手は一つの手で五指をそなえている。それぞれ異なった技術を持つこれらの指を統率して、この技術家はしばしば心から分離してしまう。

赤土の地膚を白くしようとする初めの目的を忘れて、指はこの清浄な無地の秘密を捜そうとするのである。

各々の指の技能は、これを統べる手は、手と心との関係は、ここで新しく体の中で目覚めて来る。

一本の指が傷ついたとき、その指が強い独立人であることがわかるように、この仕事の中においてもまた同様な意識が来訪する。

平行線、波状線、交錯線。

無智な指の自由にまかせては、目覚めた心が承知しない。心の命ずるままには、この技術家は動いてくれない。

そこでこの手は片方の手で、昔から殴られたり叩かれたりしどおしなのである。

よろしい、この言うことを聞かない手がここにある。

放縦で、卑怯で、不精で、無教養で、仕方のない手がここにある。が、この手こそ我らに与えられた唯一の機関なのである。我らはこれをどう訓練することが出来るか。

挑みかかるようなものがきざす。じっとしてはいられないようなものが訪ねて来る――こんな時にいつも出て来るのはこの手である「そんな物は自分には出来っこない」と。

で、この訪客は、いつもこのそっけない挨拶のために帰ってしまう。「そんな物は自分には出来っこない」――これはしかし嘘ではない。ほんとうのことである。少なくとも、自分を知っている手自身の真実そのものには違いない。出来ないという批判はいつも正しい。その証拠には結果は常に出来ていないから。がこの正しい批判に従ったならば、我らはどんな我らを受取ることが出来るか。

こんな時にはいつも言ってくれる一つの声がある。

手よ、君は真実に従うことなしに虚偽を行うがいい。

乱暴ではあるが、手には、仕事には、こう歴史から叫んでくれる。得るか得られないかわからないものを得ようというのである。こんな乱暴な、不正な、虚偽な、さもしいことは実にやり切れたものではない。

が、それをやるのだ。眼をつぶってやるのだ、思い切ってやるのだ――君はこう「嘘」を出すのだ、がこれは心配しなくともいい。この不断の行為は必ず次に来る「真実」を予約されているが故に――が人という不思議な大建築の中にはめこまれた一対の審判官は叡知の眼をみはって、絶えず批判の信号を君の指頭におくる。

そしてついぞ許しはしない。永久に許しはしない。しかし手よ、君は悲しんだり、憂いたり、ねじれたりすることはいらない。出来ないからこそやろうと思う希望を君は与えられているのだ。得られないからこそ、得たいと願う張合いを君は貰っているのだ。

十九

櫛描き

指描きを会得したならば、櫛描きを思い出すであろう。思い出したならやってみるが好い。

藁芯やササラなどの手作りの道具で好い。動く手許からはうねりを打った見事な平行線を貰うことが出来る。

筆描き

指描きや櫛描きの結果から思いつくのは、筆を使ってみることだ。化粧土のかたまらない頃を見計って、水に浸した筆を下してみるが好い。そこには泥層（スリップ）の下から模様を貰った

地土が眼をさます。

いつも絵具や墨を浸してつける役目の筆が、ここではふくませて取る仕事を引き受ける、それも見事に成しおおせてくれる。引いた線もはねた点も描くというより、彫るに近い厚味を見せてくれるのは有難い。このやり方もまた平っぺたい絵具で描いたものとちがって、あらわになりがちな表示をかくしてくれる。

絞り描き

赤いゴムの吸出器（スポイト）を道具の中に見出すことはいつも好い気持はしないが、合羽紙を巻いて真鍮の口金をつけたものや、竹筒の道具などより調法なことにはかなわない。色や形の不気味なのに似ず、この医療用具が我らに寄与する働きは素晴らしい。

およそ手作りの陶器の仕事で道具らしい道具といえば轆轤（ろくろ）位のもので、たいていは他の仕事の道具を流用しているに過ぎない。それも使い古しの庖丁や帯鉄や針金の切れ端。すり切れた古筆。台所と兼用のササラやタワシ。その他は木の切れ、竹の端位なものである。こんな粗貧な道具ばかりの中に入って来た吸出器（スポイト）は、その風態（ふうてい）の異様な通り、その才能もまた他の道具とかけはなれて魔術師なのである。

この道具から出て来る技術は、全く無尽蔵と言って好い。その中の一つである絞り描きについての功労を、ここでは謝することにしよう。

吸出器(スポイト)に含まれた泥は、毎朝のチュウブの歯磨のように丸い紐になって出て来るという簡単な一事に過ぎないが、この土の線で描かれた模様の間に薬をさし込んで出来た交趾(こうし)といわれる嵌釉陶。白盛り上げの朝鮮白瓷(はくじ)。呉須(ごす)や鉄の上にこの仕方で模様づけられた餅花といわれる支那の磁器。泥の上に泥を絞り描きした英国の化粧陶(スリップウエア)。中欧や近東地方の色泥絞描陶(カラアド・スリップ)。こうして挙げて来ると我らに残されたこの技術の資産は、容易に使い切れたものではない。

昭和九年九月二十日夜、この稿を書き終った頃から異状な気圧に取り巻かれて寝苦しい中を輾転しているうちに夜が明けた。薄明りの中を不気味な湿度と熱気とをはらんだ突風がまばらな雨を摑んで吹きつけている。重く濁った早い雲足はぐんぐん降りて来て低い空をかきまぜている。そのうちに外も内も不安な物音でつまって来た。

窯(かま)は十余年中、二度の颱風を受けて来た。その一度は火を入れていたが幸いに難をのがれた。今度は火は入ってはいないが、あぶないのは窯屋根である。亜鉛葺きだからどんなことが起こるかわかったものでない。汚い、弱い、醜い大きなこの屋根は少しの雨風にでも心配をはらんで嫌な音を立てる。いつとはなく風日はこたえるようになって来た。だから気象予報や雲行きにはひとりでに注意するようになっていた。今度という今度はのがれられないものが来るという身体はすでに夜来から確かな予報を受けていた。がさてどうすることも出来ない。

午前八時過ぎ、最初の大きなのが地響を立ててやって来た。とうとう来るものが来た。何という物音だ。大屋根はすでに半分何もない。それからの二時間あまりは、ただ真っ黒いものにかきまぜられていただけであった。

二十二日の夜は屋根のない丸坊主の窯場から東山に上る月を見た。界隈の窯で屋根の飛ばない窯は一つもなかったことは言うまでもない。

（「工藝」昭和六年三月～昭和九年一〇月）

Ⅳ 対談 作り手の立場

嗣子河井博次との対談

博　先般滝田項一さんがパキスタン展を開いた時に、印度やパキスタンでは民芸という言葉はいらない。というのは、すべてが民芸であって、ことさら民芸という言葉は必要ないのだという意味のご案内をいただいたのですが、これは私自身、印度からネパール、それにメキシコへ行って同じく感じたところなのです。

いわゆる世間で未開発国といわれている国々、つまりまだ機械化の進んでいない国々では、手仕事が本来の伝統の上に立って、それを作る人も生き生きした感覚をもって身体ごと仕事にぶつかっています。ただ悲しいことにはそれらの国でも、機械製品が入って来るとともに、その力が弱まりつつあるのも事実ですし、今後その崩壊の速度は、あるいは日本よりも急速に進むかも知れません。だが現在では日本よりもそういう力が脈々と躍動しているということも事実なのです。

その反面いわゆる機械化の進んだといわれる欧米では、手仕事の伝統が既に崩壊し消滅した現在、新らしい観点から人間性の奪回と結びついて急激にそれを取り戻そうとする胎動が起っております。

そういう世界の現状のなかで、日本は果してどういう段階にあるのかということを、はっきりつかまないと私達の運動の方向が見極められないのではないかと思います。
日本の機械化の温床は、そのすぐれた手仕事の基盤の上に花を開きました。そしてそれは九割九分まで機械製品の世となりました。恐らく民芸運動初期の四、五十年前には、日本も現在の印度やメキシコのように、民芸という言葉が不要な状態であったのでしょう。しかし今ではすでに手仕事は、民衆的工芸ではあり得なくなっております。
具体的に窯場で申しますと、小鹿田とか丹波とか、一時代前には誰もがよいものしか産めない調和ある社会基盤がありました。その社会基盤が崩壊しようとしている現在、小鹿田へ行けば、まだ何の某の所へ行けばよいものを作っているとか、丹波では何某がよい仕事を維持しているとかいう限定を設けないと一概に小鹿田がよいとか、あるいは丹波がよいとはいえない段階にきております。そのように地域社会の名称ではなく、工人たちの名前をあげるということは、すでに民芸ではなくなっているとしか私には思われません。

寛　たしかにその通りだ。

博　私の考えとしては、もうこうなった段階では、初期の概念とされた民芸というものは、すでになくなったのだということから再出発して、今後は一つの社会単位がその基盤ではなくて、美を自覚した人々が手をとりあって、民族の血脈を個人の力で背負っていくしか仕方がない段階にまで、追い詰められているのではないかと思います。民芸の「民」も民衆的という意味ではなくて、民族的という意味に解釈されなければならない段階に置かれている現実を、直視しなければいけないかと思います。

寛 その通りだ。私もまったく同感だ。ただここで一ついいたいことは、美術だとか工芸だとかという概念にとっつかまってはいけないと思う。ただ美しいということがすべてなのだ。人間である限り誰も美を念願しているのだ。だからそういうものを概念で割り切ってはいけないと思うね。今後は個人を通してでなくては、美を産めないだろう。残念なことだが仕方がない。

博 ところがその美しいという意味ですがそれぞれの人の持つ概念が違うのですね。私が柳先生はじめ諸先生から学びましたところでは、それは人間の魂がその中に生き生きと躍動している。作られたものが生きているか死んでいるかということが、美の判断の基本になっていると思うのですが。

寛 同感だ。まさにそうだ。生きているか死んでいるかが問題だよ。

博 その場合に、よく民芸協会内部で機械製品でもグッドデザインのものは、民芸として取上げてよいのではないかという論があるのですが、機械製品というものは手で作るのと違って、幾多の制約を受けるわけですね。あくまでもその制約のなかで、少しでもよいものを作るということを考えるしか、仕方がない道ではないかと思います。したがって人間の生の魂が、直接に躍動する余地はなかなか望めないのではないでしょうか。

寛 そうだよ。しかし機械製品のなかでも、民族的な匂いのある優れたものは、新しい民芸といえないこともないだろうね。少くともこんなものは民芸の概念に近いものがあると思う。優れた機構のなかに入れば、誰でも美に参加ができ、誰でも間違いのない物が作れ、誰でも美からの救いが受けられる。――そういうものはあるね。本来手仕事も機械仕事も、ともに人間から出たもので不二なのだ。私は機械は新らしい肉体だということが分ってからこの二つのものを真っ二つに割ってしまわれない。それと今の輸送機器やいろいろな工作機械にしても、空にそびえたつ大工業の建造物にしても、これこそ世紀の新らしい彫刻ではないかといつも思う。私はいま身を以ってそれを感ずるのだ。人間の情念はそんな美意識にまで発展していると思う。何はともあれそれは自分からすれば、のっぴきならない体感なのだ。しかし機械製品というものは必然的に人間の知恵の面だけ出そうとするのだ。けれども手仕事はそうじゃないんだね。人間としてのあらゆる生命力の綜合的なものを追求しているのだ。いまの文明というものが、一番欠けているのは知的なものだけを重視して、人間全体というものをとりあげていないのだ。やっぱりもう一度人間をとり返さなければならないと思う。それには人間の魂を持った人間の仕事にしなければならない。だから手仕事は大切なものだと思うね。

博　現代の日常生活では機械製品の存在を否定していられないこともよく分るのですがすでに大部分が機械化した日本の現状のなかで、手仕事をどう規定したらよいものでしょうか。私は民衆的工芸としては、柳宗理（むねみち）さんのようなデザイナーによる機械製品に任せて手仕事に従事するものは民族的工芸として、その血脈の伝承者としての新しい自覚を持たなければならないと思うのですが。

寛 そうだ。それは美の信奉者としての行者の道だ。われわれは行者として、あらゆる経済機構のなかで闘ってゆかなければならない。ぎりぎり一杯の許される暮しをして、できるだけ値を低くするということはやはり行者の道だと思う。まあ、ある意味では、乞食になってもやらなければいけないのだ。乞食をしてもやり甲斐のある仕事なのだ。それほどのものだと私は思う。そこへ肚を据えて、そうして経済生活のなかに許されて生きたいのだ。手仕事はいつも機械仕事の母体なのだ。

博 個人のぎりぎりの心構えとして、それはよくわかるのですが、現在の日本の手仕事の現状というものは、老年の作り手が昔からそれしかできないし、そうした老工人の小遣い稼ぎというふうな収入の状態で、存続していると思われるのです。だから若い人達がそれをやっても、生活ができないような低い価格になっているのではないかと思います。工場労働者の賃金ほどではなくとも、若い人が手仕事をして暮せる価格に引きあげないと、もうこれで日本の手仕事の伝統は滅んでしまうという瀬戸際まできているのではないでしょうか。

寛 したがってそれには売っていただく方々にそれを理解して貰って、賃金を上げて貰うより仕方がないだろう。もう一つはこれからの手仕事をする人は、仕事に喜びがなくてはいけないね。セメントのワク打ちに行った方が木工品を作っているより賃金がよいから行くというのではなくて、それより以下でもよいから、自分はこの仕事がしたいのだということがなければいけないと思う。美の行者としては苦しむのが当然だよ。大いに苦しむべきだ。乞食してでもやるべきなのだ。そうでなければ作者ではないのだ。

博　それはよくわかりますが、何人かの人を使わなければならない工芸のあり方において、その責任者の立場というものも考えてあげなければならないと思いますが。

寛　それはその時代の経済と協調していくしか仕方がない。しかし基本的にいえば、やっぱり手仕事をやる人は仕事が好きで、喜びを感じなければ嘘だ。作者にはなれんよ。それとその作者はいつでも無名の座にすわっていなければならない。世間の噂で上ったり下ったりなんかしては作者ではないね。人に知られることは面白いことに相違ないが、知られないことはもっと面白いことなのだ。

博　しかしそういう問題とは別に、やはり作者は孤独なものですから、世の中の人が見てくれるということが一番の喜びだと思うのです。その点各地の民芸協会の人々がそういう努力をしていただくとありがたいのですが。

寛　孤独というのは、人間にのみ恵まれた詩境なのだね。くらげや海鼠(なまこ)にはなさそうだ。それに幸いなことに今はよい時代だね。みなが本当の美を求めているのだよ。喜んで仕事に精進したものは、必ず認められるということがある。日本の現状ではあまやかし過ぎる点もあるくらいだ。一時代前の人を見てみろ。本当の仕事をしたものは狂い死にしたではないか。だがみな苦しいからといって仕事を放棄しただろうか。

博　結局物を作る人は美の使徒というか、とにかく自分が作ったとか何とかじゃなくて、美に仕えるというか、美に殉ずるといいますか、そういうところに身を置いて、この素晴らしい日本の伝統を一歩でも進めることを念願することが、さきほどお父さんのいわれた無名ということなのでしょうか。

寛　そうだ。だから私が今、身を以て依存していることは、古い物だろうが新しい物だろうが、東でできた物であろうが西でできた物であろうが、価が高いだろうが低いだろうが、そんなことは何も構わないのだ。ましてや自分のこしらえたものであろうと、他人のこしらえたものであろうと、そういうけじめはなくなってしまった。美しいものが有難いのだ。

今生の願いというものは、皆美しいものに対する憧れなのだ。魂を打つものは、とにかく輝かしい魂なのだ。それを受けられるのは、われわれに魂がある証拠なのだ。

博　今、アメリカからもフランスからも、豪州、ニュージランド、それに英国からも、陶工志願の青年達が続々と日本に来ております。みな若い優秀な青年なのですね。そしてそれはまた機械化して手仕事を失った国の青年達なのです。そのエネルギーは機械化した国における、新しい開拓者の情熱をもって進んでいるように思われるのです。

今の日本は幸いに手仕事の伝統がかすかながらも続いているものですから、その上にあぐらをかいて、かえって右往左往しているように思われるのですが、さらにもう一段社会の機械化が進めば、若い人達にもはっきりした自覚を持つ人が現われるのではないかと思います。出西窯の人達、郡上織の人達、有松鳴海の絞りに新生命を吹きこまれた片野さんの仕事など、すでにその前駆者は現われています。それでわれわれの使命というものは、そういう自覚した人達が、人間を奪回するという意欲をもって、この手仕事の分野へ勇敢に突入して来るまでの橋渡しの時期を背負わされているのだと思います。もっとも困難な、しかしすでにきざしは見えつつあるのです。

先日、宗理さんにお目にかかった時、「あなたは益々新しい材料をこなして少しでもよいものを作って下さい。私は益々守るべきものは守って原始に返りますよ」といったらその意味をよく理解してくれました。

寛　正にそうだよ。手仕事はネオプリミティヴの方向に進まなければならないと思うね。新しい原始だよ。それはやっぱり人間をとり返すことなのだ。

博　それは一面、手仕事をしている人は、現代では非常に選ばれた幸福なんであると自覚してよいのではないでしょうか。

寛　やっぱり手仕事のなかに喜びを見つけなくては。それを不足ばっかりいうからね。そうじゃないんだ。やっぱり喜ばなければ、安易な歓楽に負けてしまうのだ。禅宗などにはまだ若い人がやっぱり行くようだが。道は絶えないよ、それは……。

博　しかし大徳寺に行きますと、日本人よりも外人の方が多いんですよ。外人には非常に新鮮で、その本質に迫ろうとする処があるように思えるのです。それに反して日本人の方では、かえってそれに付随したいままでの慣習とか、夾雑物があって、なかなか近寄り難いものにしているのではないでしょうか。民芸運動も三十有余年の垢が溜って、直下に物を見るというより、柳先生の直観から説かれた理論を方程式として物を割り切ろうとする人たちが多いために混乱しているのではないでしょうか。

寛　それは概念の固定化なのだ。柳ほどそれを惧れた人はいなかった。常に新しく正しい眼と心とで未来を見つめていたのだ。私のいっていることは柳といささかも違ってはいないはずだ。常に固定した概念を打ち破って進んで行くことこそ、柳の若い人達に托した悲願だったと私は思う。

しかしここで一番用心しなければならないのは、個人道の欠点だ。それはややともすると、暮しからはずれ、過度の誇張や歪曲や意識の過剰や造作に陥りがちになることだ。昔から如何に多くの者がこの穴に落ち込んでいることか。本当の個人道は、そんなものを乗り越えなければ浮かばれない。何よりも作者は無名の座に坐るべきなのだ……。

（「民藝」昭和三八年一一月号）

【参考資料】

河井に送る

柳　宗悦

君の作品を眺めながら、さまざまなことが想い出され、また行く先のことがいろいろに考えられる。僕は君が立派な作品を作ってくれると、自分のことのように嬉しいのだ。誰かが悪口を言うと人知れずつらいのだ。共に携えて道を辿る間柄だ、悦びも苦しみもいつしか皆僕のものに変る。人はいろいろに君の仕事を見るが、恐らく僅かな人を除いては、何もよく分ってはいないと思える。それでいつか君のために何か書いておきたいと思うが、多くを知る者はかえって少しより書けない。詳しくはいつか時を待つこととしよう。

君も忘れはしないだろう。もう十五年ほども前に戻る。君の名声が隆々として聞こえ始めた時、また君の作物が国宝だと賞め讃えられた時、真っ先に不服を申し立てたのは僕である。あるいは僕だけだったかも知れない。巧みな三彩も、美しい油滴の天目も、華かな青磁や辰砂も、僕の眼にはむしろ作家の恥だとさえ思えたのだ。もっともそれは君自身に対するよりも、無責任な批評界への抗議であった。主眼とした点はかかる作物は作家の仕事にはならぬということと、技巧と美とは違うということとであった。もしそれらの作風を今も君が続けていたら、僕はついに君の友達にはなれなかったであろう。だが幸いなことに運命は我々を結びつけてくれた。僕はそれ以来君との交りを感謝しなかった時はないのだ。君のことだとしばしば血が波打つのを覚える。君も何か僕から汲みとってくれたかも知れぬが、特に工芸に関する問題については、僕こそ君に負うところがはなはだ大きい。君から貰った真理は一つや二つではない。

作家としての君の生活に僕が敬念を抱くようになったのは、君の生々しい苦闘をまともに見たからだ。あんなにも一世の声価を集めた作物の様態を、惜しげもなく棄ててかかったからだ。そうして降り来る財物的な恵みをも、躇わずに振り切ってくれたからだ。作家にとって一番誘惑の多い時期を、立派にも闘いぬいてくれたからだ。これまでにどの幸運な作家が、かかることをしおおせてくれたか。それは君の一生にとっての大きな革命であったに違いない。真理への忠誠な熱意がなかったら、このことは果されなかったであろう。工芸の仕事も心の準備に基づくことを、今さらに君から教わる。

多くの人は君のためにそれを惜しんだ。日本のためにもそれを嘆いた。君の措置を愚かだと思い込んだ。なぜ旧に帰って、あの麗しい品を作らないかを責めた。今日でもそう思っている人がなかなかいる。だが君の転生を祝福した二、三の人がいたに違いない。僕は実にその一人だったのだ。君のほんとうの幾人かの友達は新しい仕事を介して集り始めた。

君に内面的なこの変化が起った頃と思う、僕は偶然に京都に越した。そうして間もなく濱田が英国から帰って来た。君との交りはそれから程なくであった。しかし君の転生に主として僕らが与ったように想像する人がいるが、それは正しい報道ではない。君のために僕はそれを弁じたいのだ。焰は君自身の心の中に燃えていたのだ。力は君の眼の審きに宿っていたのだ。君は人の見忘れた領域に、新しい美の存在を見つめていたのだ。またどんな生活から正しい美が湧くかを見守っていたのだ。今もこの力の活々している君を見て、いかに多くの作家と異なるかを僕は強く感じる。自然について、人生について、美について、徳について、君の直観は常に新鮮なのだ。君を今までの立場に放置する謂れがなかった。

　君はどんな美の世界を新しく見つめていたか。それはもはや絢爛な作物ではなかった。もっと謙った質素な品物であった。ずっと生活に親しむ器物だった。そうして君が深く見入ったのは、貧しい職人達の生活姿相であった。君は何人も見なかった正しさを、その心や物から選び上げた。君は君の作に出直すべき多くのものを見た。君の情熱は躊躇を許さなかった。新しい仕事へとまっすぐに進んだ。かかる道で濱田は君の良い僚友だった。幸いにも我々は美の領域で同じものを見つめていた。君達は作る側から、僕は見る側から一つの真理へと近づいて行った。僕が「工芸の道」を書き始めた頃、草稿が成るごとに、読んでは君に聞いてもらった。どんなに君の悦びや君の批評に鼓舞を受け反省を貰ったか。我々は美や真理を介して交りをさらに深めた。

　だがそれまでは工芸の道について、特に民芸の秘義について、真理を省みた者は絶えてなかった。今では流行にさえなったが、十年の昔には反逆の説にとられたものだ。君が転じて新しい仕事へと入った時、錯誤だとして君を惜しんだ者は少なくない。人々から僕は君の良友とはとられなかった。進んでは君を誤らせる者の一人と考えられた。かつて呼ばれて、君を旧の仕事へ戻してくれるようにとの勧告さえ受けたことがある。僕はその好誼に打たれはしたが、仕事への理解がいかにむずかしいものかを想わないわけにゆかなかった。君は臆せずに進むべき未来へと精進してくれた。

しかし新たな道は荊棘(けいきょく)の道であった。耕して進む者には多くの苦難があった。かつて異常なものを追った者が、尋常なものに立ち戻ることは、なま易しい事柄ではなかった。その頃の君の仕事には紆余曲折があった。多くの無駄や躓(つまず)きが無いではなかったと思う。時としては心の糸が縺(もつ)れたであろう。誰が経験しても同じであるに違いない。だがそれを見てたちまち君を非難する者が現れて来た。浅い批評はいつだってある。僕は皆それを背負った気で、黙って君の未来を待っていた。しかし心配はしたよ、時としては、はらはらしたこともあったよ。だが反省と忍耐と勤勉との君を疑う余地はなかった。君が今日に達したのは、実に若者も及ばない熱情と誠実との賜物だと思う。

これからだっていろいろの修行が要ろう。それはお互いに一生のことだ。技の方の修行も終りは無いだろうが、心の修行はさらに終りが無い。しかしこのことで人一倍誠実な君は、仕事の上にそれを稔らせてくれることと思う。一面に君は賑やかな性(たち)だ。感情の現れの激しい性だ。だがそれは君のすべてではない。君には一面涙もろいところがある。しめやかな淋しいところがある。それが君を浄めまた深めている。君の熱情を誰も言うが、君はもっと平和を慕っているのだ。だから賑わしさのみ出た作物を僕はとらない。模様が勝ち過ぎたり、線が走り過ぎたり、絞描きが盛れ上り過ぎたり、削りが鋭過ぎたり、形が度を過ごしたりするものがあれば、真の君に逢えない想いがする。僕はもっと穏やかな君を描く。わけても作物にはどこか沈黙の要素が必要なのだと思う。静かなもの、ひかえめがちなものほど、共に暮してみて親しさを深める。恐らくどんな部門でも辿るべき帰趣はここにあろう。僕自身も書くものに、言う言葉に、為す行に、この穏やかさがありたいと希う。お互いにまだまだ修行が要る。一寸延ばす線なら七分に止めておきたい。五分の厚みなら三分にひかえておきたい。それでちょうどになりはしないか。包む修行をしようではないか。最近届けてくれた角の扁壺を僕は大変悦んだ。非常に静かだ。そうして形も色も何もすべて君のものだ。永遠の作だ。机の上に置いて親しんでいる。

作家の立場は難行の道だ。意識に基づくからとかく病が多い。自力の道は並大抵ではない。個人陶で古来秀でたものが少ないのはそれを語っていよう。君もよく知りぬいているように、真に美しい作物のほとんどすべては作者が知れない。多くは無知の工人達であったから、彼らの力が美しさを産んだとは思えない。何かに頼る他力の道を歩いていたに違いない。安泰な易行の道を進んだからこそ、あんなにも無造作に美しい品々が出来たのである。ここで我々は問題にぶつかる。自力の我々と他力の品物とが向い合う。何かこれを結ぶ道はないものか。このことをもっと君と話し合いたいのだ。

所詮作家達は多かれ少なかれ自力の行者だ。意識に目覚めた者は眠りに戻るわけにゆかぬ。これを育てぬいてしまうよりいたし方がない。だからいよいよ難行である。どの道、作家達は道に己を捧げる坊さんなのだ。闘いぬいて解脱の域へと精進せねばならない。だが工芸をこの道だけで押して行っていいか。悟りの作物が得られたとて、結局個人の仕事に止まりはしないか。僧侶なら平信徒達と結ばれねばならぬ。これがなくば宗教とならない。工芸にも宗団が起るべきだとつらつら想う。さもなくば美の王国は到来すまい。我々は共々にその建設に努力すべきではないのか。

無名陶ばかりの時代は過ぎた。次に来たものは個人陶の時代であった。だが試練を積んだ今日、もう個人陶の時代も過ぎていいのだ。これからは個人と工人達との結合による陶器が生れていいのだ。歴史はかつて他力から自力へと転じたが、今度は自力他力を結ぶ道へと再転すべきではないのか。これが熟したら、真に新しい歴史が起ろう。美の標準を失った昨今では、正しい個人作家が出なければ、工人達に道を知らせる灯火が無い。同じように平信徒が集らずば僧侶の存在は意味が薄い。二つが結び合わずば共々に活きないではないか。個人が高ぶる道も、工人が虐(しいた)げられる道も正しくない。協力の美、個人を越えた美に未来がかかっている。

想えば君の転生は、この仕事への準備ではなかったのか。これらの言葉を費したのは、わけても君にこの新しい道が授けられているように思えてならないからだ。多くの作家達は特に他力の一道については反省が薄い。しかし君ほどこの秘義について直ちに観得る人を他に知らないのだ。無名の工人達について、誰よりも君は不思議なものを見つめている。そうしてそれらの人々の生活に、どんなに正しいものが包まれているかを見守っている。そうしてそれらの人々から生れてくる品物に、誠が奥深く潜むのを学びつづけている。君ほど貧しさの豊かさを感じぬいている人はないのだ。平信徒への敬念がなくば僧侶に何の仕事があろう。工人を活かさずば自分も活かされないであろう。僕はその正しい僧侶を君に感じているのだ。ここに君の仕事の新しい展望が見えはしまいか。自分の仕事を工人達の仕事の中に溶かすことは出来ないものか、それよりも正しく作家を救う道は無いのではないか。仕事を個人に限ってはもったいない、すまない。否、それは止まるべき個所ではない。それはたしかに君に与えられた大きな課題ではないか。工芸の世界ではまだ誰もこの境地に踏み入った者がないのだ。この仕事こそ素晴らしいものであろう。僕はその幻像を見ているのだ。君は何か見えざる力に呼ばれているのではないか。

想いにふける秋になった。互いに考えぬこうではないか。いざ仕事に勤（いそ）しもうではないか。

昭和十一年九月五日

（「工藝」昭和一一年一〇月号）

時空を超えて

解説　河井須也子

　このたび、講談社から父寛次郎の著述が一冊にまとまり、文芸文庫として世に出ることとなった。掌に載せられるサイズなら気楽に読んでいただくことが出来るであろうと嬉しく思う。そこで、父と共に暮して来た想い出の幾つかを解説にかえて、おこがましいが、あくまで自分流で自由に書かせていただこうと思う。

　先頃より我が国にも韓国ドラマがTV放映されるようになり、「冬のソナタ」や「美しき日々」「初恋」「チャングムの誓い」等が視聴者に大受けとなり、今や社会現象となりつつあるときく。この韓流ブームに乗せられた訳でもないが、それぞれの作品のテーマ音楽のどれもこれもが素晴しく、なかでも、「チャングムの誓い」で子供たちが唄う曲は、昔我が家に父の招きで止宿され藁工品を造って下さった孫斗昌さまが、素焼窯の火の番をしながら子供の私に教えて下さったアリランやトラジのメロディを想い起こさせ、お国から送られてきた松の実を食べさせてもらった想い出と共に思わず泪をもよおす懐かしさに感じられる。

音楽のみならずこのドラマの持つストーリィの道義的精神性の奥行きの深さにつくづく魅せられてしまうし、かつての朝鮮宮廷料理における食文化の見事さには目を見張るものがある。当時の宮廷の人々の衣装や、庶民の服装、生活様式等、暮しそのものがつぶさに映し出され、我々日本人が営んできた日常の生活様式とどこか似通った親しみを覚え、欧米の映画ばかり見てきた私共にはかえって新鮮に感じられる。王の召し上がる為の数々の新鮮で珍らしい貴重な食材を選び、料理法には何より御身に良きものをと、細心の注意と真心が尽くされている。また女官たちが立働く台所の様子や彼女たちの起居する部屋の家具調度類に目を遣ると、特徴ある簞笥の蝶番等、黒田辰秋作なる父の大切にしていた家具にそっくりで、朝鮮家具の影響を色濃く感じないではいられない。数々の料理を載せる大小の猫足風のお膳や白磁の蓋物、真鍮の器、象嵌の匙のどれもが料理を更に美しく引立てる役目をしているように思えてならない。他にも野菜類を入れる籐や竹製の形よき籠類、木製のくり抜きの物入れは、たまたま我が家で使っていたのと等しい物である。また台所でいつも使っていた刃先のくるりと丸い包丁は、洋包丁とは一味ちがう使い易さを感じ重宝していたが、残念なことに太平洋戦争がだんだん激しくなった頃、金属類の供出命令で他の金物類（かなもの）と共に皆さよならしなければならなくなった。未練がましく回想するわけではないが、幼女の頃、子供用の可愛いチマチョゴリと美しい刺繡のほどこしてある小さな袋物と布製のくつしたがセットになって、母の桐簞笥の中の「たとう紙」に入っていたことを覚えている。父の友人から頂戴したものだと聞いていた。

父はいつも、「わしゃ国粋じゃ」と言う純然たる日本人であるが、何故か並ならぬ韓国好きだったのには少なからぬ訳があるのだ。

それは、植民地を統治する官吏というお立場ではあられたが韓国をこよなく愛し、御自分はすべて韓国の風俗習慣そのものの暮しを身につけソウルに過ごされた浅川伯教（のりたか）・巧さま御兄弟を父は畏敬し浅からぬ交友を結んでいた縁からであり、また、「ものつくり」としての父が、盟友、柳宗悦（やなぎむねよし）さまと同様に韓国の伝統文化風物に強く心惹かれていたことを見過ごすわけにはいかない。

我が家に今もある李朝の机や、韓国の農村で用いたという筧（かけい）の水を受ける二槽くり抜きの横長で重厚な持ち運びもできる移動式炊事器は、実用から生れた無名の人の造形の見事さで特に父を驚嘆させ唸（うな）らせていた。子供だった私は何とも知らず友達と二人で向い合わせにその中に入ってままごと遊びに興じたりしたものだ。

話が横にずれてしまったので元に戻すが、ぺたっとして平らな象嵌の柄の真直な韓国の特徴ある大小の真鍮匙を、来客の多い我が家では毎日のように用いていたのだが、供出で

河井寛次郎（昭和 39 年頃）

全部なくなってしまっていた。

戦後、やっと食糧事情も少しずつ良くなり、なくなってしまったナイフ、フォーク、スプーンなどを購(あがな)い揃える必要が生じた。そこで私は物を購う時、「どんな事を基準にして求めればよいか」を父に尋ね、その答えによって物選びをしようと考えた。ある日、父の仕事が終るのを待って尋ねると、父は即答を避け、「これは、とても大切な質問だから、父さんにも少し時間をくれないか、よく考えてみるよ」と。翌日になり、「昨日お前さんから質問を受けたことは、自分にとっても、大変よい勉強になったんだ。改めて考えなくてはならない、まさに大切な問題だからな」と。父が私の単なる問いかけに対し、まさかこれ程深く考えていたとは思いも及ばなかった。

父はそこで物選びの基準として四つの目標(めやす)を示してくれた。

一、誠実
一、簡素
一、健全
一、自由

この四つの言葉を紙に書いてくれた。しかし父はこれ等について私に一切説明を加えることはなくただこの四つのシグナルを示しただけで直ちに自分の仕事に向かうのであった。あとは私に、じっくりゆっくり考えなさいとの父の思惑(おもわく)があったのであろう。

さて、この四つの目標は私にでも判り易く、なるほどと思った。私は生来、父に似ず脆弱なものを好む性があるので、これは私の良い薬になったと思うし、物を購う場合の選びかたの基本を教示されたことは忘れ難い。いまだ時流に溺れ易い意志薄弱な自分を反省しつつ……。

戦後いち早く我が家にやって来られた方々の中に、私の心から消えない御仁たちの幾人かをこの際、是非記しておこうと思う。

終戦より日ならずしてGHQの高官が、ジープで我が家にやって来られた。事前に報せがあり、驚くこともなかった。お二人のうちの一人は少し日本語の判る方であった。父は学生時代、一時、日記を英文で書いていたから、お互いにブロークンながら、この日の会話は充分成り立っていた。

お二人は全く戦勝国の人とは思えない、まことに謙虚にして頗る礼儀正しい紳士で、初対面の私共にも深々とお辞儀をされ、「私たちは、前から、河井せんせいに、おあいしたく、とおもってまいりました」と仰有って、「これしつれいですが、みやげであります」と、何かしら差し出される様子だった。父は、「そんなご心配は要りません、お気持ちだけは有難くいただきますから」とだけ言って、受け取ろうとはしなかった。先様の折角の御好意を無にすることへの失礼を思わぬでもなかったが、大和魂を持つ者の一人として、

「武士」の心だけは失ないたくなかったのか、戦勝国の方から物をいただく事を「こころよし」としなかったのか、とにかく瘦せても枯れても父の心中の毅然としたいさぎよい野武士の様な一面を見た思いがする。

我が家では正座の不得手な方の為にいつも孫斗昌さまの編まれた藁のとん（スツールのこと）を置いているので、お二人共それに腰掛けて父と話がはずみ交わされている。彼等は実に教養高く人品いやしからぬ人物とお見受けした。

この日も、机上には煙草の灰皿として、煙を出さないための真鍮の蓋物を置いてあったのだが、この客人は父の新作である円型の辰砂釉の陶硯を灰皿と勘違いして葉巻の吸殻を入れてしまわれた。しかし父はそれを制止するどころか全く意にもかいさず知らん顔で愉しく話を続けている。このあと、登り窯や二階の各部屋なども御覧になり階段を下りて来られた時、乞われた訳でもないが父は自作の小品を事前に用意していたらしくお二人に差しあげると嬉しそうに小脇にかかえとても喜んでお帰りになられた。

彼等が帰られたあと、陶硯を灰皿と間違われた事について私が触れると即座に、「それでいいんだよ。作り手も自由なら使い手も自由でいいのさ」との父の言葉が返ってきた。そして東洋に文房四宝、つまり、筆、紙、墨、硯のある事は、彼等には縁遠く無理もないことだと。相手や物事に対しての父の深い理解と寛大というかそのスケールの大きさに、また私の考えもしなかった言葉の新しい意味に、びっくりさせられた。

そして翌日、いつもの通り掃除に二階へ上った母の、「あれあれ大変々々」と驚いた声に急ぎ駈け上ってみると、大壺や他の器物の中や座布団の下の各所に洋莨のラッキーストライクやキャメル、花柄の箱入りチョコレート、米兵士の携帯食などが、とても上手に隠されていた。今まで見たこともない品々ばかり、それは昨日のノーサンキューと言われてしまった客人からの「贈物」に違いなかった。お二人が二階へ上がられた時、誰もついて行かなかったので、こんな悪戯が出来たのか。お二人がさぞドキドキしながら、一体どこへ隠そうかと苦心されたさまを想像し、如何にもアメリカ人らしいウイットに富んだ陽気で無邪気な人柄に思わず笑いがこみあげた。この事を後で知った父は、今更どうする事も出来ず、苦笑しながら頭を抱えてしまっていた。

このことが、まだ私たちの心象を去らぬ頃、今度はソ連のプラウダ（赤い星）の編集長のシモノフ、同僚のアガホフ両氏が通訳の年配の婦人を伴って来訪された。

この御両人の氏名を何故私ごときが覚えているかと云えば、お二人の希望で父が御名前を、出雲の無地の和紙に、

シモノフ氏を「霜野夫」

アガホフ氏を「赤保夫」

と筆で記して差し上げたことに由来する。

御両人の来日の目的や理由などは存じなかったが、とにかく京都での滞在時間が短く限

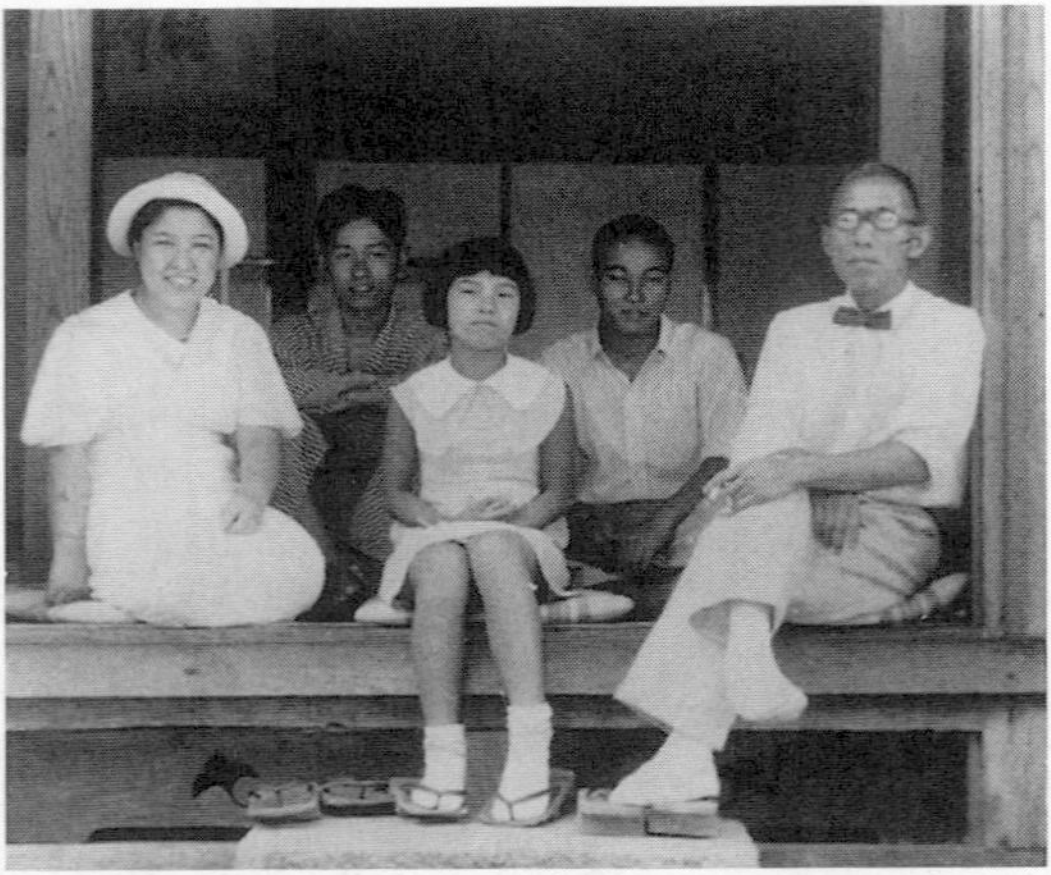

（前列左より）母つね、筆者、父寛次郎（昭和 11 年頃）

河井寛次郎記念館広間
（昭和 47 年頃）

（左より）濱田庄司、柳宗悦、河井寛次郎
昭和 24 年、富山県城端にて

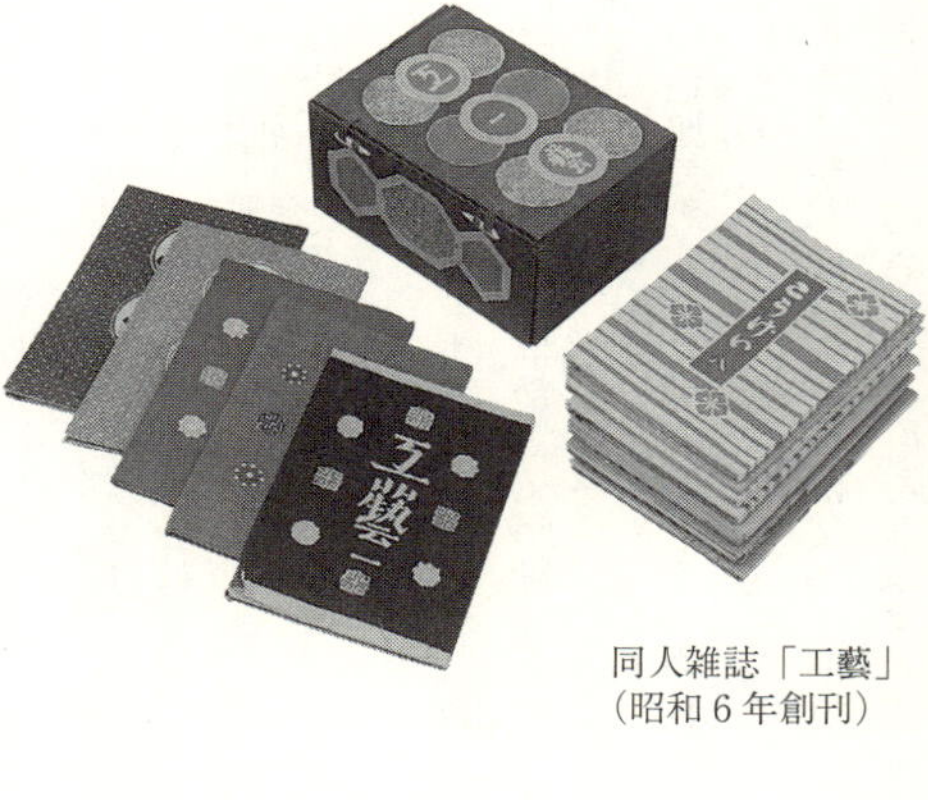

同人雑誌「工藝」
（昭和 6 年創刊）

られ、今夜は東京に戻り明日帰国される予定であるとの事であった。

それでもお二人は私たちの生活の場である居間や台所や裏の登り窯や、父の作陶の有様を興味ぶかく御覧になり、とうとう陶房の二つの轆轤(ろくろ)の前に坐り、手の汚れも気にせず粘土に初の挑戦を試みられたが、思ったよりは簡単にゆかぬむつかしさに愉快な悲鳴を挙げながら子供のように喜ばれた。

そして自分たちは今日中に日本の古美術などを是非見て帰りたいと希望されたので、早速父はお二人を東山青蓮院前の山中美術商会へ案内した。両人は、一つ一つ熱心に丁寧に観られた後、帰りぎわ父に、「今、先生はこれ等の美術品の中で、どれが一番お好きでいらっしゃいますか」と通訳を通して訊かれたので、父は正直にその一点を指し、そこでお別れし帰宅した。

その夜、突然山中美術商会のお使いの方が丁寧な包装をした物を届けに来られ、不思議に思って尋ねると、それはシモノフ氏からの贈物と告げられた。半信半疑で父が包装を解くと、そこに現われた物は、父が指したその一点であった。

それは、たぶん中国の古い石像の頭部で、木製の重い台座に固定されていて、その面相は彫りが深く、厳しい高僧か、むつかしい哲人の如きいかめしい風貌をしているものであった。どんな人が、どんな時代に創(つく)られたかは知る由もないが、作者の凄さに父が圧倒され感動を覚えたのは無理もないと私にさえ思える程の迫力は、まさに父の好む並はずれの逸品であった。

ほんの数時間しかお逢い出来なかった露国の方に、こんな見事な贈物をされ、ましてやその御礼さえ言うことも出来ぬまま立ち去ってしまわれたことに、父の心中察するに余りあるものを感じ、稀有なるこの日の出来事に名状し難い想いで胸を熱くした。しかし、あのスターリン独裁政権下の共産国の方が、このような資本家的な贈物をされることに不思議の念を抱く私共でもあった。その後暫く経ったある日のこと、新聞紙上に、プラウダ編集長シモノフ氏たちがパージされたことが報じられた。もはや、今から六十年前のことであり、もし御存命ならば今頃如何していらっしゃることか。当時四十歳くらいとお見受けしたが、ジャーナリストとして世界への広い視野と見解をもったすぐれた文化人としての高い教養が滲み、堂々と頼もしく、温厚で立派な風格の方たちであったことは今も脳裏に刻まれて消えることは決してない。

昭和四十一（一九六六）年十一月十八日、享年七十六歳で父は彼岸に旅立った。それから七年目の二月一日、我が家は河井寛次郎記念館として発足、今年三十二周年を迎えた。開館準備に私たちが大車輪で立働いていた当時、大切な写真の整理等、文化的な御協力を自ら進んでして下さった永田雅之さま（現・ギャラリー飛鳥店主）に、この露国の客人からの贈物を父の形見としてその由来と共に差し上げることにした。判ってくれる方に、父の歓ぶことをしたかったからである。

もう一つ、戦後間もない時期に、オランダ政府から「日本の絣」の蒐集の命を受け、我が家を訪ねて来た青年を迎えた日の事も特筆に価する。眉目秀麗のこの若者は、ほとんど日本語は話せなかったが、その代り「漢字」についてはどはずれて堪能であることが後で判るのである。

挨拶のあと座敷に置いている硯箱に目を留め、半紙を所望のうえ正座しておもむろに墨を磨り出されたのに驚き好奇の目を注ぐ私共に、いたずらっぽくじろりと視線を投げてから、懸腕直筆の正しい姿勢で先ず、「天下」と書き始められた。次はきっと「泰平」に決まっていると予想しながら、息をつめて手元を見つめる私共の意表をついて現れた二文字は「有人」であった。そして父の前で一礼してから、うやうやしく文字の向きを相手の方に示し、お辞儀と共に両手で手渡されたのには、若者ながら半端でない教養の深さに驚かされたが、それだけではない。登り窯を見学したあと彼はむつかしい方の漢字の「竈（かまど）」・「甕（かめ）」・「壽（ことぶき）」などを実に美しくまるでお手本のように非のうちどころのない楷書の文字にしたため、一同は見惚れ唖然とさせられたのである。いつの間にこの様な文字の勉強をしたのであろうか。とにかく日本人顔負けの青年の不思議な魅力に我々は優雅なる鉄拳の一撃を食らわされた思いがしたのである。このすぐれたオランダ青年のネームを、父が漢字にしておいてくれなかったのは残念なことだった。彼の並ならぬ素晴しさに皆が圧倒され、それどころではない驚きの一日だったことが改めて懐かしく甦る。

今年ははからずも戦後六十周年を迎え、当時二十歳であった私も八十路（やそじ）の齢を重ねた今、私自身にもやはり深い感慨が甦りくるのをどうすることも出来ないでいる。私事でいささか恐縮であるが、私にとっての戦後史のようなつもりで父寛次郎と養嗣子となった夫博次のことを書いてゆこうと思う。

終戦の翌年昭和二十一年四月二十九日、荒川博二十六歳、私二十一歳のとき婚約が整った。

彼は一橋大学学生時代、宗教哲学を志していたので、柳宗悦先生宅に始終おうかがいしていた関係で先生ご夫妻からの推薦もあり、父寛次郎はこの縁談を二つ返事でお受けした。当時は、本人同士より親が結婚を決める時代であった。通常世間一般に行われている先方さまのことを事前に調べたりする様なことは一切しなかった。如何にも両親らしいと後々思うことである。というのも嘗（かつ）て彼は京都一中の学生時代、学友の鈴木義輔さまと一緒に拙宅を訪問していたし、学徒出陣で航空隊勤務となったが、鉾田基地で終戦を迎えるや直ちに肩章のとれた軍服に中折帽を被り軍靴を履いた姿で五条坂へ挨拶にみえた。私とはこのときが初めての出会いであった。一年後にこの方と結婚する事になるなどとは思いもしなかっただけに縁の不思議を思わずにはいられない。

彼は内地勤務であったから復員は早いほうであったが、彼の兄上慶一さまや弟の数己さま、道彦さまは未帰還のまま消息が判明しておらず、次男の彼を河井家の養嗣子としてお迎えすることに一抹の不安を拭いきれなかった。長兄慶一さまの御生存が確定するまで、荒川家に対し申し訳がないという気持ちが強かったからである。（それは一年余り後、杞憂に終り、皆無事に帰還された。）

婚礼の前々日、新郎となる人の輿入れ荷物をかわいいロバが運んできた。当時、馬やトラックは戦争に調達され皆無であった。うちでは「あずき」代用の「ササゲ」の赤飯を炊いてこれを迎えた。旧家の歴史を語る「文化文政」の太い文字のみえる頑丈な古簞笥、文机、手文庫、うちと同じ丸木瓜（もっこう）の紋のついた長持、中でも黒塗りの高さ三十センチ位のお厨子が目を惹いた。それは航空隊にいた時、戦死された方々のゲラ刷り名簿を裏打ちして一巻の巻物にし、巻頭を岡本大無先生、末尾を川田順先生の悼歌で収められているのを当日見せてもらった。彼は生涯これを大切にし拝を捧げていた。

結婚当日の新郎に、父は開口一番「わしは今から義父の義をとるから、君も養子の養をとってくれ」と言った。当時の京都の風習に従い、父は息子となった彼を伴い、両人紋付袴姿で白扇を持ち、少し緊張した面持ちでいそいそと町内一軒一軒へご挨拶廻りに出かけて行った。秋日和の下、両人の後ろ姿が六十年過ぎた今も脳裏に焼きついている。

夫となった博は父の寛次郎の次をとって博次となり、極く自然に導かれる様に毎日陶房

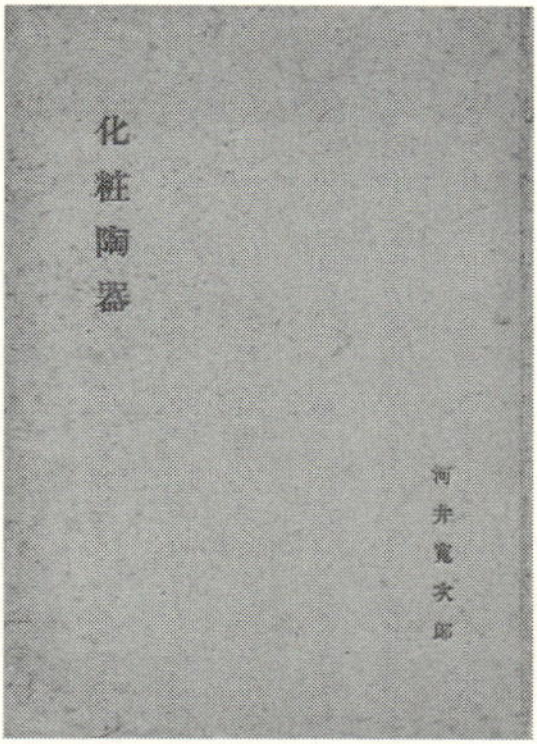

『化粧陶器』表紙
（昭 23・3　西村書店）

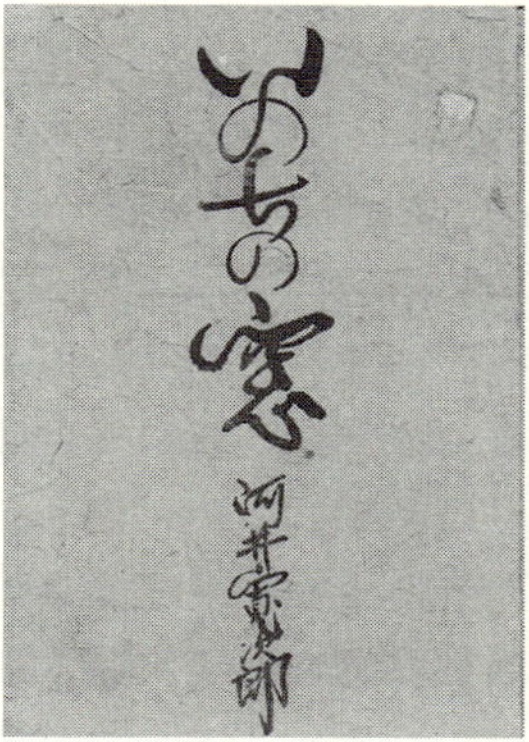

『いのちの窓』表紙
（昭 23・9　西村書店）

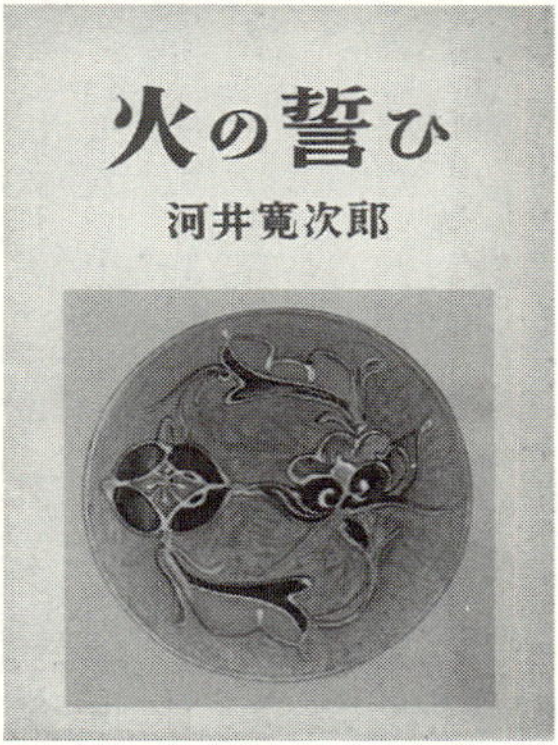

『火の誓ひ』表紙
（昭 28・11　朝日新聞社）

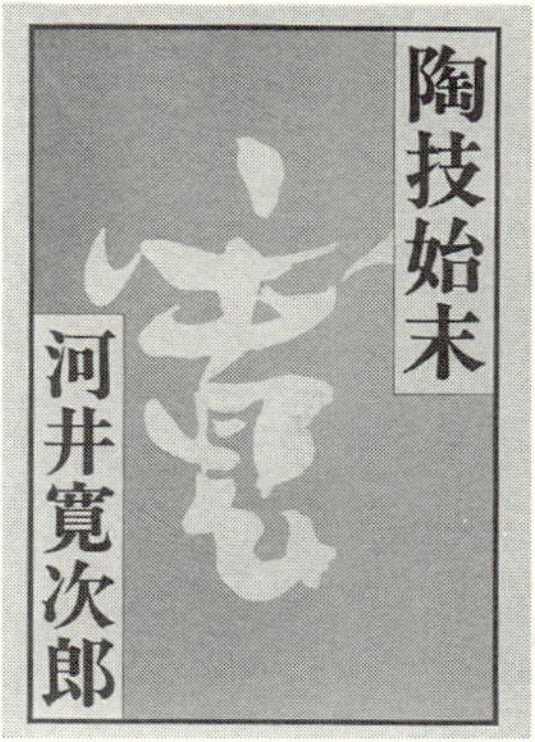

『陶技始末』函
（昭 56・2　文化出版局）

に入り、全くの素人ながら蹴轆轤で、小皿、湯呑、砂糖入れ、バター入れ、陶筥、筆筒などを作って親しい友人知己に差し上げていた。全くの素人で出発したのだから当初はまさに大変なことだったと思うが、余りそうしたことに捉われず自分のリズムで淡々と我が道をゆくといった風であった。私は生れた長女をおんぶし、お茶の時間には陶房へこしらえたおやつを持っていったりしていた。

ある日、夫は自分用の抹茶茶碗を幾つか作ろうと懸命だったが、どれもが胴長の筆筒の様な形体になってしまう。長い手指が独特の抹茶碗を形づくってしまうのにたまりかねた彼は、ついに業を煮やし悔し紛れにグシャと潰してしまうところを、一緒に並んで轆轤を廻していた父に「ちょっと待て待て。そんな簡単に潰しちゃいかん。気に入らなくても最後まで仕上げなくては。いつも本番だよ」と止められた。この福禄寿の頭みたいな長めの抹茶碗にスポイトで筒描きをほどこし、辰砂釉を掛け、窯出しとなった時、その見事な発色に父の方が有頂天の大喜び。夫は渋い顔で恥ずかしがっていた。と言うのは、余り胴体が長すぎて、お茶を点てるとき茶筅がストンと嵌ってしまい、実はお茶を点てにくかったことによるものだ。丁度そんな時、棟方志功さんがやって来られ、この茶碗で「おうす」を召し上がっていただいたが、「こりゃ若先生の大傑作だ。凄いもんだよ、見事だ」と大変なお歓びで、両手に抱きかかえたまま、離そうとされなかったので、即、これは棟方さんの御所有となったのは言うまでもない。私たちが福禄寿碗と呼んでいた、この博次初作の抹茶碗を棟方画伯は早速「愛染丸」と命名されたのである。

　夫博次は作陶する上で、父の仕事を誰よりもよく理解していただけに、父の作品の領域にみだりに踏み込んだりしない様に極力自戒していた様だ。そういう人だからこそ他人には解らない彼自身の悩みは深かったと思うし、それをどう突き破るかに腐心していたに違いない。

　しかし、父とその愛息子（まな）博次はいつも二人だけで美のシーソーゲームをし、傍目にも羨ましい仕事天国の日々を過ごしていたと思う。

　主人はある日突然に流し打掛釉を始めた。父は戦前に琉球へ行った後、抱瓶（だちびん）や壺や硯、灰具などに、ある時期、二色の打釉を用いたがその後長らくこの技法は止っていた。主人はこの打掛釉に次の仕事の突破口を見出したのか、まるで魚が水を得たように、鳥の形をした扁壺や鉢や大皿にどんどん打掛釉を用いてゆく。鉄釉、呉州、辰砂、飴釉、灰釉を自由に駆使し、焼成後に見るその奥深い渋い発色は、主人を虜にしてやまなかった。悉（ことごと）くそれ等は土から生まれた素なる生気を宿し、父たちの念願している物を彼は彼なりに体感し卒直に、ためらうことなく具現してくれていた。登り窯から続々と、新境地開拓陶の新作を見た父は大いに驚嘆、今、窯から出たばかりの大皿を両手に掲げ「どうだ凄いじゃないか。万歳々々、博次はとうとうわしを越えたよ」と歓声をあげつつ、陶房への階段を欣喜雀躍のありさまで降りてきた姿は忘れ難い。これがその後、父の打掛釉再開の起爆剤となった事は言うまでもなく、主人の方が先を越したかたちで父と共に三色打釉は互いにその晩年まで続けられた。

父は六十七歳の時、腸閉塞で生命も危ぶまれたが、当時、北大路交通局病院院長佐谷秀雄先生の執刀に依り一命を取りとめた。それから七十六歳寸前まで毎日、仕事に没頭する父であったが、単なる風邪がもとで昭和四十一年十一月十八日、近くの専売病院で僅か二週間の入院の後、安らかな不帰黄泉の眠りについた。私は父の告別式にきっぱりと心を切り換え、これからどうしていくべきかで頭が一杯であった。母は父に対し一片の悔いも残さず明るく過ごしていてくれ、これは救いであった。しかし父と主人の仕事天国のシーソーゲームは遂に終りを告げ、一介の「ものつくり」として主人の唯一の支柱であった者の死は、彼に埋めることの出来ぬ空洞となり、やがて虚無となった。母や私の慰めなどではどうにもならぬほどの彼の傷心を佳き友人や多くの医師たちも一緒に心配し手を尽して下さった。幾度も入退院を繰り返し、薬もさまざま試みられたが、どれも効を奏さなかった。

昭和三十六年にはうちの登り窯はコストの関係で約二メートルを縮小しなければならず、さらに昭和四十六年には京都公害条例に依り登り窯はもう煙の出せない廃窯となってしまった。父が生きていたら工業学校の窯業科で勉強したことを生かし、きっと別な方法で焼成を考え、やりたい焼物が出来るように必ず実現させていたことだろう。

父亡きあと、昭和四十五年、縁あって、徳島出身の久米青年と長女章江が結婚した。河井家の婿として迎えられた彼は東大法科卒業後生命保険会社に約十年勤務の後、主人博次と共に製陶を志し、一陶工として生きることに身を投じてくれた。昭和五十四年、信楽に陶房を移し長女夫婦と閑かに暮らすようになってから、主人は一切の薬を自ら放棄し、晩年は六人の可愛い坊やたちに囲まれ、全く別人のように平凡な好々爺へと変身していった。それは一見して平穏そのものの晩年を送っているように見えた。そして作陶は娘婿の敏孝と続けて過していた。だが主人の本当は既に父と死を共にしていたかのように、彼本来の生気は再び甦らなかった。

父と夫は誰が何と言おうと真の親子であったのだ。同質ではなくとも、同格同志で合体し、同一美線上に在ったことを私は直感し今も変らずそれを確信している。父と行を共にした夫は、父と共にいのち燃えつつ、疾風のようにこの世を駈けぬけていった。この世で一番信頼のおける芸術の最大の理解者を失った夫は、終生父の心喪に服し、土中深く埴輪となって父の傍に一緒に生きていると思う。また常に父の仕事を蔭から支え、いつもにこやかに控え目で、人々に尽くした父に勝るとも劣らぬ慕わしき母は平成元年八月二十四日（父の誕生日）に享年八十八歳で旅立った。

夫博次は上腕骨折で入院中の平成五年三月十九日、春の彼岸にインフルエンザ感染による僅か三日の発熱であっという間に逝ってしまったが、少しも苦しまなかったのは、せめてもの倖せであった。双眸を開けないのが不思議に思った程安らかで、父と同じようにとても美しい死顔であった。

私は夫博次や父寛次郎の享年を凌駕し八十二歳を迎えている。とても長く生きさせていただいていると思うが、私の過ぎ来し方をふり返ると、どの部分を切り取ってみてもその一つ一つが鮮明に甦り、一つ一つがどんなに大切で有難いことであっただろう。無形・有形の生命の宝物として感謝に堪えない日々である。広辞苑の新村出(しんむらいづる)先生にこの世でお逢いできた感激の日の想い出は又別の日に記述をしようと思う。先生の御詠草をかかげこの文を終る。

「千早振(ちはやぶる)神のみめぐみ深くして八十路に満つる幸を得にけり」新村出

(平成一七年一一月一八日記)

年譜

河井寛次郎

一八九〇年（明治二三年）
八月二四日、島根県能義郡安来町（現・安来市）に、建築を生業としていた河井大三郎・ユキの次男として生まれる。
一八九四年（明治二七年）　四歳
寛次郎の生母ユキ没する。
里親の山崎家に世話になった後、継母カタを迎える。
一九一〇年（明治四三年）　二〇歳
松江中学校を卒業、学校長の推薦により、東京高等工業学校（現、東京工業大学）窯業科に無試験入学する。
一九一一年（明治四四年）　二一歳
バーナード・リーチの新作展（赤坂、三会堂）を見て感銘を受け、壺を買約。後日リーチを上野の寓居に訪ねる。
一九一三年（大正二年）　二三歳
腸チフスにかかり、一年休学する。静養中は郷里の野山で詩作にふけっていた。
一九一四年（大正三年）　二四歳
東京高等工業学校を卒業し、京都市立陶磁器試験場に入り、技手として働く。先輩の小森忍らの指導を受けながら、各種釉薬の研究などを行った。
一九一六年（大正五年）　二六歳
東京高等工業学校の後輩であった濱田庄司が

京都市立陶磁器試験場に入所。以後、ともに研究に励む。

一九一七年（大正六年）二七歳
陶磁器試験場を辞め、二年間清水六兵衛（後の六和）の顧問となり各種の釉薬を作る。浜田とともに沖縄、九州の諸窯を巡る。

一九一九年（大正八年）二九歳
三月、父大三郎、死去。五月、祖父足立春台、死去。濱田とともに朝鮮、満州（現・中国東北部）を旅行する。その際、満鉄の研究所に小森を訪ね、研究の成果を見る。

一九二〇年（大正九年）三〇歳
山岡千太郎の好意により、京都市東山区五条坂鐘鋳町の清水六兵衛の持ち窯を譲り受け、住居と工房を設け、窯に「鐘渓窯」と名づける。また、一二月には三上やす（つねと改名）と結婚する。

一九二一年（大正一〇年）三一歳
第一回創作陶磁展を東京（五月）・大阪（一一月）の高島屋で開催、好評を博す。同店の宣伝部長であった川勝堅一を知る。これ以後、生涯にわたり親交を結ぶこととなり、作品の発表は定期的に高島屋が舞台となる。

一九二二年（大正一一年）三二歳
前年の自信作十点を集め、「鐘渓窯第一輯」を刊行する。東京高島屋で開催の第二回創作陶磁展が批評家に絶賛される。

一九二三年（大正一二年）三三歳
東京高島屋で第三回創作陶磁展を開催する。この頃から、名声の高まりに反し、自らの作陶に疑問をいだき煩悶しはじめる。

一九二四年（大正一三年）三四歳
三月末、渡英していた濱田が帰国し三ヵ月間滞在する。後着の、英国のスリップウエアを見て感激する。濱田を通して柳宗悦を知る。五月、長女須也子（旧名、良（りよう））誕生する。八月、京都博物館で「陶器の所産心」と題する講演をする。

一九二五年（大正一四年）　三五歳
寛次郎が陶器の道に進む上で多くの助言、助力を与えた叔父足立健三郎が死去する。東京高島屋で第五回創作陶磁展を開催するが、技巧は著しく簡素となり、雑器が際立った。柳、濱田とともに紀州へ木喰上人の遺跡を訪ねる。その車中で、民衆の手による工芸品を民衆的工芸と捉え、略して「民芸」という言葉をつくる。

一九二六年（大正一五年）　三六歳
柳、濱田とともに「日本民芸美術館」設立を発起し、「日本民芸美術館設立趣意書」を作成し、知人に配る。この年作家としての一大転機をむかえ、確乎たる信念を得るまで作品の発表を控え、制作に専念する。そのため黒板勝美（日本史・東京帝国大学）、内藤湖南（東洋史・京都帝国大学）の肝いりで「河井氏後援会」が生まれる。

一九二七年（昭和二年）　三七歳
東京丸の内の日本工業倶楽部で、「河井氏後援会」主催の作品展を開催する。

一九二八年（昭和三年）　三八歳
御大礼記念国産振興東京博覧会が東京上野で開催され、その際、柳、濱田、日本民芸美術館同人とともに民芸品で家具調度を整えた「民芸館」を新築し出品する。この「民芸館」は博覧会後、大阪・三国の山本為三郎（朝日麦酒）邸内に移築、「三国荘」と名づけられる。

一九二九年（昭和四年）　三九歳
三月、大阪毎日新聞京都支局長の岩井武俊の好意により、京都大毎会館で柳とともに日本民芸品展を開催する。五月、帝国美術院から帝展無鑑査として推薦され、一〇月の帝展に二点出品する（帝展出品はこの年のみ）。六月、三年間の沈黙を経て東京高島屋で第六回作品展を開催する。大転換後初めて一般に公開された展覧会であった。渡英中の柳、濱田の斡旋で約二百点の作品により、ロンドン、ボンド・ストリートのボォ・ザァル・ギャラリーで個展を開催。

一九三〇年（昭和五年）　四〇歳

一月、渡米中の柳の肝いりで、ハーヴァード現代美術協会主催の「日英現代工芸品展覧会」が開かれ、濱田、富本憲吉らとともに出品する。三月、聖徳太子奉賛美術展に出品。一一月、第七回作品展を東京高島屋で開く。一二月、大阪高島屋の主催により、大阪美術倶楽部で作陶十年を記念した回顧展が開催され、新旧の作品千点が出品された。

一九三一年（昭和六年）　四一歳

一月、柳、濱田、富本らとともに同人雑誌「工芸」を発刊する。八月、柳と鳥取、島根を旅し、鳥取の牛の戸窯の開窯に立ち会い、松江では郷里の工人を指導し、大きな影響を与えた。また郷里ではじめての個展を松江の商工会議所で開催。

一九三二年（昭和七年）　四二歳

一〇月、ロンドンの山中商会で個展を開く。約二百五十点。

一九三三年（昭和八年）　四三歳

三月、日本民芸美術館主催「綜合新工芸展覧会」（東京高島屋）に出品。四月、東京上野での第八回国展に賛助出品。六月、大原孫三郎の要請により、倉敷にて個展を開催する（倉敷文化協会主催）。年末、「現代日本民窯展」の準備のため、柳、濱田と中国、九州の窯を巡り、旅先で年を越す。

一九三四年（昭和九年）　四四歳

三月、東京上野松坂屋で「現代日本民窯展」を開催する。また同時、同所で開催された「陶匠十家展」にも出品。七月、十四年振りに来日していたリーチを、鐘渓窯に迎え、ともに制作する。一一月、東京高島屋で「現代日本民芸展」を開催する。

一九三五年（昭和一〇年）　四五歳

五月、柳に対して大原孫三郎より、民芸美術館設立の資金寄付の申し出があり、日本民芸館（民芸美術館を改称）建設準備に、柳の招きにより上京し着手する。その協議のためほとんど隔月に上京する。数年前から中国、朝鮮の硯を見て、特に李朝の硯の造形に感動していたが、自らも硯に対する制作意欲が高まり制作を志す。

一九三六年（昭和一一年）四六歳
陶硯の制作に専心する。四月、東京高島屋で「陶硯百種展」を開催する。棟方志功（当時三三歳）を四十日にわたって自宅に招き、多大な影響を与える。五月、柳、濱田とともに朝鮮半島を旅する。六月、大阪高島屋で陶硯展を開催。「工芸」第六十八号が河井寛次郎特輯号となる。一〇月二四日、東京駒場に日本民芸館が開館する。

一九三七年（昭和一二年）四七歳
パリ万国博覧会に出品された「鉄辰砂草花図壺」がグランプリを受賞する（関係当局の要請にもかかわらず、寛次郎の出品承諾が得られないことを察した川勝堅一が独自の計らいで、自己の所蔵品の中から提供した作品）。六月、京都高島屋で、京都で初の作品展を開催する。この年一月から八月にかけ、昭和九年の室戸台風で傷んだ旧居を解体し、日本・朝鮮の農家のもつ建築美をとりいれた自宅（現・河井寛次郎記念館）を自らが設計し、実兄を棟梁とする大工一行を郷里安来より呼び寄せ、新築する。

一九三八年（昭和一三年）四八歳
一月、前年、河井邸を手懸けた兄善左衛門が安来にて死去する。米国人ヘンリー・グリーンが弟子入りし、二ヵ月滞在する。翌年も二ヵ月間滞在。

一九三九年（昭和一四年）四九歳
三月、日本民芸協会同人と沖縄を旅行する。四月、「月刊民芸」が発刊される。米国人ジヨン・ギルバートソンが弟子入りし二ヵ年間作陶を学ぶ。

一九四〇年（昭和一五年）五〇歳

五月、大原孫三郎起案、柳の企画による富本、濱田、河井の三人展が銀座鳩居堂で開催される。また、柳編の作品集が刊行される。六月、東京高島屋で川勝堅一所蔵作品約三百点により、河井寛次郎作陶二十年記念展が開催される。一〇月、東京、大阪の高島屋で作陶二十年記念展が開催され、東京では約五百点の新作が陳列された。この年、フランスのインテリア・デザイナー、シャルロット・ペリアン女史が来訪。

一九四一年（昭和一六年）五一歳

柳、濱田とともに朝鮮・華北を旅行する。六月、第一回現代陶芸美術展が開催され、板谷波山、清水六兵衛、富本憲吉、濱田庄司らとともに出品する。同月、大阪高島屋、七月、東京と京都にて、自らが考案・指導した竹家具による竹材生活具展覧会が開催される。

一九四二年（昭和一七年）五二歳

「機械は新しい肉体」という自覚を深め、手と機械が本質的には同じであると説く。一〇月、青森県民芸協会設立に際し、柳とともに東北を旅行する。

一九四三年（昭和一八年）五三歳

六月、東京高島屋、七月、大阪高島屋にて濱田庄司・河井寛次郎新作陶器展を開催する。この頃から、戦争のために作陶が困難になり、一二月の新作展をもって個展を一時中止する。

一九四四年（昭和一九年）五四歳

一一月、戦時特別文展に「辰砂呉州菱花筥」を出品する。戦火がはげしくなり、翌年までほとんど窯を立てることができず、専ら文筆に没頭する。

一九四五年（昭和二〇年）五五歳

八月一五日、戦争終結。毛筆日記には「萬事休ス、出直シ、泣イテ好イノカ笑ッテ好イノカ怒ッテ好イノカ身体ノ置場ナシ」とある。また翌日に「来レヨ来レ　何事デモ来レ、仕事ハコレカラ也、新シキ希望燃エル也、コレ迄ノ仕事　コレカラ愈々世界ヲ相手ニヤッテ行ケル也」とある。

一九四六年（昭和二一年）　五六歳

一月、高島屋での個展が復活し、新作陶器展が開催される。長女須也子（号、紅葩）に養嗣子、博（博次と改名）を迎える。

棟方志功が、鐘渓窯を讃える版画「鐘渓頌板画柵」二十四図を制作する。

一九四七年（昭和二二年）　五七歳

四月、第二十一回国展に作品二十点を出品。

八月、機械製品展（京都民芸協会主催）を開催し、工業製品の美を提唱する。寛次郎詞「火の願ひ」を棟方志功版画で制作し刊行する。陶土に自ら刻んだ「いのちの窓」の陶板を完成させる。川勝堅一邸亦楽窓の改築に際し、指導にあたる。一〇月、育母カタ死去。

一九四八年（昭和二三年）　五八歳

京都、西村書店より「化粧陶器」、「いのちの窓」が出版される。一二月、「いのちの窓」詞句による陶板の展覧会が大阪高島屋で開催される。

一九四九年（昭和二四年）　五九歳

六月、日本民芸協会富山支部主催の「河井寛次郎・濱田庄司作陶展」が開催される。一一月、日本民芸館で「辰砂について」と題して講演を行う。柳宗悦「河井寛次郎の人と仕事」が札幌の鶴文庫より刊行される。自由な造形をめざし、これまでの陶器にとらわれない不定形な作風を示すようになる。

一九五〇年（昭和二五年）　六〇歳

還暦祝賀展が、東京、大阪の高島屋はじめ、八月、松江、一〇月、日本民芸館でもそれぞれ開かれる。一一月、パリ・チェルヌスキー美術館開催の現代日本陶芸展に出品。この年より本格的に木彫に取り組みはじめ、以降十数年にわたり、約百種の木彫が制作された。
一九五一年（昭和二六年）六一歳
イタリア・ファインツァ陶器博物館日本部新設にあたり、作品を提供する。作陶三十周年記念展覧会を東京、大阪の高島屋にて開催する。
一九五二年（昭和二七年）六二歳
仏人クロード・ラルー入洛し、一ヵ年余り作陶を学ぶ。五月、東京高島屋増築記念として、富本、濱田と三人展を開催する。新作展も例年通り、東京、大阪の高島屋にて開催。
一九五三年（昭和二八年）六三歳
朝日新聞社より「火の誓ひ」出版される。また「いのちの窓」の英訳を刊行する。一一月、東京高島屋の主催で、作品七百点により、作陶四十周年記念展を東京光輪閣で開催する。一二月、大阪高島屋でも開催。
一九五四年（昭和二九年）六四歳
五月、東京高島屋で、富本、濱田と三人展開催。六月、大丸神戸店で、リーチ、濱田と三人展開催。同月、東京高島屋で、富本、リーチ、濱田と四人展を開催。一〇月、東京の東急東横店で、リーチ、濱田と三人展を開催。
一九五五年（昭和三〇年）六五歳
一一月、東京、大阪の高島屋で新作陶磁展開催する。この頃、真鍮キセルのデザインをし制作。
一九五六年（昭和三一年）六六歳
日本民芸館本館修理のため、濱田とともに抹茶碗五十個を民芸館に寄贈し、柳の書幅を加えて頒布会を開催する。一〇月、名古屋の松坂屋で、河井、濱田新作陶芸展を開催する。秋、東京、大阪の高島屋で新作陶磁器と陶硯の展覧会を開催する。二十年振りに、新型陶硯を出品する。
一九五七年（昭和三二年）六七歳
朝日新聞社主催の陶業四十年展が、二月京都高島屋、四月、東京高島屋、一〇月、名古屋オリエンタル中村で開催される。また目録として「河井寛次郎陶業」が刊行される。三月、「沖縄伝統工芸視察団」団長として沖縄に渡る。川勝の計らいで出品した昭和一四年作の「白地草花絵扁壺」が、ミラノ・トリエンナーレ国際工芸展でグランプリを受賞する。

一九五八年（昭和三三年）　六八歳
木彫が手から人物に発展し、さらに動く手、足へと進む。また、次第に「面」に興味を持つようになる。六月、腸閉塞と腸癒着のため大手術を受け、約二ヵ月間、京都市交通局病院に入院する。一一月、東京、大阪の高島屋で新作陶磁器展を開催する。

一九五九年（昭和三四年）　六九歳
見るものすべてが「面」に見え、木彫を盛んに行う。一一月、東京、大阪の高島屋で新作陶磁器展開催。木彫面も出品される。

一九六〇年（昭和三五年）　七〇歳
六月、札幌民芸協会設立を記念して青磐舎主催で、柳、河井、濱田の三人展が開催され、これを機に北海道に行く。一〇月、大阪阪急百貨店で、濱田、河井、棟方、黒田辰秋、芹沢銈介らの工芸五人展が開催される。一一月、東京、大阪の高島屋で新作陶磁器展を開催する。木彫の面から陶彫の面をつくる。

一九六一年（昭和三六年）　七一歳
五月三日、柳宗悦逝去する。一一月、大原美術館はリーチ、富本、河井、濱田の四人の作品を常時展示する陶器館を開設する。

一九六二年（昭和三七年）　七二歳
雑誌「民芸」の一月号より「六十年前の今」を掲載し、以降五十九回連載。四月、岡山天満屋で個展を開催する。一〇月、東京高島屋、一一月、大阪高島屋で作陶展を開催する。

一九六三年（昭和三八年）　七三歳

五月、名古屋オリエンタル中村、岡山天満屋で個展を開催する。一〇月、東京高島屋、一一月、大阪高島屋で作陶展を開催する。一二月、デンマークのマルガレーテ王女が来訪する。

一九六四年（昭和三九年）七四歳
六月、名古屋オリエンタル中村で個展を開催する。一〇月、東京高島屋、一一月、大阪高島屋で作陶展を開催する。

一九六五年（昭和四〇年）七五歳
一月、NHKにおいて大原総一郎と対談する。五月、広島天満屋で個展を開催する。この時広島に妻を同伴し、さらに郷里安来市を訪れる。これが最後の遠出の旅となる。一〇月、福山天満屋で開催された民芸館同人新作展に濱田とともに賛助出品する。同月、東京高島屋、一一月、大阪高島屋にて作陶展開催。

一九六六年（昭和四一年）七六歳
三月、京都高島屋で寛次郎、博次、武一の合同三人展を、五月、名古屋オリエンタル中村で寛次郎、博次二人展を、六月、岡山天満屋、一〇月、東京、大阪の高島屋にて個展を各々開催する。六月頃より身体衰弱し、床につくことが多くなる。一一月二日、京都の専売公社病院に入院するが、衰弱の一途を辿る。一一月一八日、永眠する。翌一九日、自宅にて密葬。一二月一日、京都の紫野大徳寺山内真珠庵で日本民芸協会葬が行われる。法名、清心院鐘渓寛仲居士。

一九七三年（昭和四八年）
二月、京都市東山区五条坂の家を「河井寛次郎記念館」として公開。

（鷺　珠江編）

著書目録

河井寛次郎

河井寛次郎の宇宙　平10　講談社

（作成・編集部）

【単行本】

火の願ひ　昭22　私家版
いのちの窓　昭22　私家版
化粧陶器　昭23　西村書店
いのちの窓　昭23　西村書店
火の誓ひ　昭28　朝日新聞社
美のこころ〈対談〉　昭34　京都布教研究所
六十年前の今　昭43　東峰書房
いのちの窓　昭50　東峰書房
炉辺歓語〈対談〉　昭53　東峰書房
陶技始末　昭56　文化出版局
手で考え足で思う　昭56　文化出版局

本書は、以下に記す新聞・刊本を底本として使用し、それぞれの文末に初出を掲出した。

本文は新漢字新かな遣いによる表記とし、一部の漢字をひらき、ふりがなを適宜増減した。「いのちの窓それ以後」は手書きのノート（一部既発表）から採録し、漢字片かな混じり文を漢字平かな混じり文に改めた。

本文中明らかな誤植と思われる部分は正したが、原則として底本に従った。

また本文中には、今日からみれば不適切と思われる表現があるが、作品の書かれた時代背景、作品の価値、および著者が故人であることなどを考慮し、底本のままとした。

陶器の所産心／機械は新しい肉体　『河井寛次郎と仕事』昭和五一年 河井寛次郎記念館刊
火は心の炎　「島根新聞」昭和三三年
民族造形の祈願　「日本教育新聞」昭和四〇年
蝶が飛ぶ 葉っぱが飛ぶ／歴史の突端に立つ子供達／手考足思／新時到来／饗応不尽　『河井寛次郎の宇宙』平成一〇年 講談社刊
陶技始末／河井に送る　『陶技始末』昭和五六年 文化出版局刊
対談・作り手の立場　『炉辺歓語』昭和五三年 東峰書房刊

蝶が飛ぶ 葉っぱが飛ぶ

河井寛次郎

二〇〇六年一月一〇日第一刷発行
二〇二五年五月一三日第一六刷発行

発行者——篠木和久
発行所——株式会社 講談社
東京都文京区音羽2・12・21 〒112-8001
電話 編集（03）5395・3513
販売（03）5395・5817
業務（03）5395・3615

講談社文芸文庫

デザイン—菊地信義
印刷——株式会社KPSプロダクツ
製本——株式会社国宝社
本文データ制作—講談社デジタル製作

定価はカバーに表示してあります。

ISBN4-06-198422-5

講談社文芸文庫

青木 淳選	建築文学傑作選	青木 淳——解
青山二郎	眼の哲学|利休伝ノート	森 孝——人／森 孝——年
阿川弘之	舷燈	岡田 睦——解／進藤純孝——案
阿川弘之	鮎の宿	岡田 睦——年
阿川弘之	論語知らずの論語読み	高島俊男——解／岡田 睦——年
阿川弘之	亡き母や	小山鉄郎——解／岡田 睦——年
秋山 駿	小林秀雄と中原中也	井口時男——解／著者他——年
秋山 駿	簡単な生活者の意見	佐藤洋二郎-解／著者他——年
芥川龍之介	上海游記|江南游記	伊藤桂一——解／藤本寿彦——年
芥川龍之介 谷崎潤一郎	文芸的な、余りに文芸的な|饒舌録ほか 芥川vs.谷崎論争　千葉俊二編	千葉俊二——解
安部公房	砂漠の思想	沼野充義——人／谷 真介——年
安部公房	終りし道の標べに	リービ英雄-解／谷 真介——案
安部ヨリミ	スフィンクスは笑う	三浦雅士——解
有吉佐和子	地唄|三婆 有吉佐和子作品集	宮内淳子——解／宮内淳子——年
有吉佐和子	有田川	半田美永——解／宮内淳子——年
安藤礼二	光の曼陀羅 日本文学論	大江健三郎賞選評-解／著者——年
安藤礼二	神々の闘争　折口信夫論	斎藤英喜——解／著者——年
李良枝	由熙|ナビ・タリョン	渡部直己——解／編集部——年
李良枝	石の聲 完全版	李 栄——解／編集部——年
石川桂郎	妻の温泉	富岡幸一郎-解
石川 淳	紫苑物語	立石 伯——解／鈴木貞美——案
石川 淳	黄金伝説|雪のイヴ	立石 伯——解／日高昭二——案
石川 淳	普賢|佳人	立石 伯——解／石和 鷹——案
石川 淳	焼跡のイエス|善財	立石 伯——解／立石 伯——年
石川啄木	雲は天才である	関川夏央——解／佐藤清文——年
石坂洋次郎	乳母車|最後の女 石坂洋次郎傑作短編選	三浦雅士——解／森 英一——年
石原吉郎	石原吉郎詩文集	佐々木幹郎-解／小柳玲子——年
石牟礼道子	妣たちの国 石牟礼道子詩歌文集	伊藤比呂美-解／渡辺京二——年
石牟礼道子	西南役伝説	赤坂憲雄——解／渡辺京二——年
磯﨑憲一郎	鳥獣戯画|我が人生最悪の時	乗代雄介——解／著者——年
伊藤桂一	静かなノモンハン	勝又 浩——解／久米 勲——年
伊藤痴遊	隠れたる事実 明治裏面史	木村 洋——解
伊藤痴遊	続 隠れたる事実 明治裏面史	奈良岡聰智-解

▶解=解説　案=作家案内　人=人と作品　年=年譜を示す。　2025年4月現在

講談社文芸文庫

伊藤比呂美	とげ抜き　新巣鴨地蔵縁起	栩木伸明―解／著者―年
稲垣足穂	稲垣足穂詩文集	高橋孝次―解／高橋孝次―年
稲葉真弓	半島へ	木村朗子―解
井上ひさし	京伝店の烟草入れ 井上ひさし江戸小説集	野口武彦―解／渡辺昭夫―年
井上靖	補陀落渡海記 井上靖短篇名作集	曾根博義―解／曾根博義―年
井上靖	本覚坊遺文	高橋英夫―解／曾根博義―年
井上靖	崑崙の玉｜漂流 井上靖歴史小説傑作選	島内景二―解／曾根博義―年
井伏鱒二	還暦の鯉	庄野潤三―人／松本武夫―年
井伏鱒二	厄除け詩集	河盛好蔵―人／松本武夫―年
井伏鱒二	夜ふけと梅の花｜山椒魚	秋山 駿―解／松本武夫―年
井伏鱒二	鞆ノ津茶会記	加藤典洋―解／寺横武夫―年
井伏鱒二	釣師・釣場	夢枕 獏―解／寺横武夫―年
色川武大	生家へ	平岡篤頼―解／著者―年
色川武大	狂人日記	佐伯一麦―解／著者―年
色川武大	小さな部屋｜明日泣く	内藤 誠―解／著者―年
岩阪恵子	木山さん、捷平さん	蜂飼 耳―解／著者―年
内田百閒	百閒随筆 II 池内紀編	池内 紀―解／佐藤 聖―年
内田百閒	[ワイド版]百閒随筆 I 池内紀編	池内 紀―解
宇野浩二	思い川｜枯木のある風景｜蔵の中	水上 勉―解／柳沢孝子―案
梅崎春生	桜島｜日の果て｜幻化	川村 湊―解／古林 尚―案
梅崎春生	ボロ家の春秋	菅野昭正―解／編集部―年
梅崎春生	狂い凧	戸塚麻子―解／編集部―年
梅崎春生	悪酒の時代 猫のことなど ―梅崎春生随筆集―	外岡秀俊―解／編集部―年
江藤淳	成熟と喪失 ―"母"の崩壊―	上野千鶴子―解／平岡敏夫―案
江藤淳	考えるよろこび	田中和生―解／武藤康史―年
江藤淳	旅の話・犬の夢	富岡幸一郎―解／武藤康史―年
江藤淳	海舟余波 わが読史余滴	武藤康史―解／武藤康史―年
江藤淳 蓮實重彦	オールド・ファッション 普通の会話	高橋源一郎―解
遠藤周作	青い小さな葡萄	上総英郎―解／古屋健三―案
遠藤周作	白い人｜黄色い人	若林 真―解／広石廉二―年
遠藤周作	遠藤周作短篇名作選	加藤宗哉―解／加藤宗哉―年
遠藤周作	『深い河』創作日記	加藤宗哉―解／加藤宗哉―年
遠藤周作	[ワイド版]哀歌	上総英郎―解／高山鉄男―案

小沼丹――懐中時計	秋山駿――解／中村明――案
小沼丹――小さな手袋	中村明――人／中村明――年
小沼丹――村のエトランジェ	長谷川郁夫―解／中村明――年
小沼丹――珈琲挽き	清水良典――解／中村明――年
小沼丹――木菟燈籠	堀江敏幸――解／中村明――年
小沼丹――藁屋根	佐々木敦――解／中村明――年
折口信夫―折口信夫文芸論集 安藤礼二編	安藤礼二――解／著者――年
折口信夫―折口信夫天皇論集 安藤礼二編	安藤礼二――解
折口信夫―折口信夫芸能論集 安藤礼二編	安藤礼二――解
折口信夫―折口信夫対話集 安藤礼二編	安藤礼二――解／著者――年
加賀乙彦―帰らざる夏	リービ英雄―解／金子昌夫――案
葛西善蔵―哀しき父｜椎の若葉	水上勉――解／鎌田慧――案
葛西善蔵―贋物｜父の葬式	鎌田慧――解
加藤典洋―アメリカの影	田中和生――解／著者――年
加藤典洋―戦後的思考	東浩紀――解／著者――年
加藤典洋―完本 太宰と井伏 ふたつの戦後	與那覇潤――解／著者――年
加藤典洋―テクストから遠く離れて	高橋源一郎―解／著者・編集部―年
加藤典洋―村上春樹の世界	マイケル・エメリック―解
加藤典洋―小説の未来	竹田青嗣――解／著者・編集部―年
加藤典洋―人類が永遠に続くのではないとしたら	吉川浩満――解／著者・編集部―年
加藤典洋―新旧論 三つの「新しさ」と「古さ」の共存	瀬尾育生――解／著者・編集部―年
金井美恵子―愛の生活｜森のメリュジーヌ	芳川泰久――解／武藤康史――年
金井美恵子―ピクニック、その他の短篇	堀江敏幸――解／武藤康史――年
金井美恵子―砂の粒｜孤独な場所で 金井美恵子自選短篇集	磯﨑憲一郎―解／前田晃――年
金井美恵子―恋人たち｜降誕祭の夜 金井美恵子自選短篇集	中原昌也――解／前田晃――年
金井美恵子―エオンタ｜自然の子供 金井美恵子自選短篇集	野田康文――解／前田晃――年
金井美恵子―軽いめまい	ケイト・ザンブレノ―解／前田晃――年
金子光晴―絶望の精神史	伊藤信吉――人／中島可一郎―年
金子光晴―詩集「三人」	原満三寿――解／編集部――年
鏑木清方―紫陽花舎随筆 山田肇選	鏑木清方記念美術館―年
嘉村礒多―業苦｜崖の下	秋山駿――解／太田静一――年
柄谷行人―意味という病	絓秀実――解／曾根博義――案
柄谷行人―畏怖する人間	井口時男――解／三浦雅士――案
柄谷行人編―近代日本の批評 I 昭和篇上	

柄谷行人編	近代日本の批評 Ⅱ 昭和篇下	
柄谷行人編	近代日本の批評 Ⅲ 明治・大正篇	
柄谷行人	坂口安吾と中上健次	井口時男—解／関井光男—年
柄谷行人	日本近代文学の起源 原本	関井光男—年
柄谷行人 中上健次	柄谷行人中上健次全対話	高澤秀次—解
柄谷行人	反文学論	池田雄一—解／関井光男—年
柄谷行人 蓮實重彥	柄谷行人蓮實重彥全対話	
柄谷行人	柄谷行人インタヴューズ1977-2001	
柄谷行人	柄谷行人インタヴューズ2002-2013	丸川哲史—解／関井光男—年
柄谷行人	[ワイド版]意味という病	絓 秀実—解／曾根博義—案
柄谷行人	内省と遡行	
柄谷行人 浅田彰	柄谷行人浅田彰全対話	
柄谷行人	柄谷行人対話篇Ⅰ 1970-83	
柄谷行人	柄谷行人対話篇Ⅱ 1984-88	
柄谷行人	柄谷行人対話篇Ⅲ 1989-2008	
柄谷行人	柄谷行人の初期思想	國分功一郎-解／関井光男・編集部-年
河井寬次郎	火の誓い	河井須也子-人／鷺 珠江—年
河井寬次郎	蝶が飛ぶ 葉っぱが飛ぶ	河井須也子-解／鷺 珠江—年
川喜田半泥子	随筆 泥仏堂日録	森 孝—解／森 孝—年
川崎長太郎	抹香町｜路傍	秋山 駿—解／保昌正夫—年
川崎長太郎	鳳仙花	川村二郎—解／保昌正夫—年
川崎長太郎	老残｜死に近く 川崎長太郎老境小説集	いしいしんじ-解／齋藤秀昭—年
川崎長太郎	泡｜裸木 川崎長太郎花街小説集	齋藤秀昭—解／齋藤秀昭—年
川崎長太郎	ひかげの宿｜山桜 川崎長太郎「抹香町」小説集	齋藤秀昭—解／齋藤秀昭—年
川端康成	一草一花	勝又 浩—人／川端香男里-年
川端康成	水晶幻想｜禽獣	高橋英夫—解／羽鳥徹哉—案
川端康成	反橋｜しぐれ｜たまゆら	竹西寛子—解／原 善—案
川端康成	たんぽぽ	秋山 駿—解／近藤裕子—案
川端康成	浅草紅団｜浅草祭	増田みず子-解／栗坪良樹—案
川端康成	文芸時評	羽鳥徹哉—解／川端香男里-年
川端康成	非常｜寒風｜雪国抄 川端康成傑作短篇再発見	富岡幸一郎-解／川端香男里-年